Blickpunkt
Haushalt 8

Ausgabe C

von
Helga Wöhl,
Maria-Anna Roth und
Josefine Obermaier

Oldenbourg

Inhalt

Haushalten/ Ernähren

1 Planen und Beschaffen 5

Rationell planen, organisieren und sparen 6
Kluger Einkauf spart Geld 8
Mit Vorräten Zeit und Geld gewinnen 10
Selbst hergestellter Vorrat – individuell
  und preisgünstig 12
Sachgerechtes Tiefgefrieren hilft sparen 14
Sinnvolle Resteverwertung spart Geld 16
Projektskizze Eigenproduktion
  und Vermarktung 18
Einnahmen und Ausgaben 20

(m) Die Lebenshaltungskosten privater
    Haushalte 22
(m) Absicht und Wirkung der Werbung 24

(ü) Fit im wirtschaftlichen Handeln 26
(ü)(m) Vielfalt der Haltbarmachungsverfahren ... 27

Einen Gruppenvertrag entwickeln,
  schließen und einhalten 28

2 Gesund leben und essen 29

Ausgewogene Ernährung hält gesund 30
Lebensmittel liefern Nährstoffe 32
Mediterrane Ernährung 34
Obst und Gemüse – zu jeder Mahlzeit 36
Lebensmittel und Speisen beurteilen 38
Gesundheitliche Gefährdung durch
  Schadstoffe in Lebensmitteln 40
Gesundheitliche Gefährdung durch
  verdorbene Lebensmittel 42

(m) Gesundheitsschutz durch Obst
    und Gemüse 44
(m) Ernährung und Bewegung als
    Schlüssel zum Wohlbefinden 46

(ü) Naturbelassene Lebensmittel
    bevorzugen 48
(ü)(m) Jedem das Seine, aber nicht allen
    das Gleiche 49

Selbstständig Wissen aneignen:
  Getreidezirkel für die Aula 50

3 Lebensmittel auswählen
und verarbeiten 51

Industriell und selbst hergestellte Speisen
  vergleichen 52
Lebensmittel und Speisen aus der Region 54
Fleisch – auf die richtige Auswahl
  kommt es an 56
Fastfood – pro und kontra 58
Selbst hergestellte Schnellgerichte –
  konkurrenzlos gut 60
Garverfahren im Überblick 62
Garverfahren beeinflussen Aussehen,
  Geschmack und Bekömmlichkeit 64
Geräte mit Verstand nutzen 66
Mikrowelle – kleine Wellen ganz groß 68

(m) Garverfahren gesundheitsbewusst
    auswählen 70

(ü) Speisen wirtschaftlich und gesundheitsbe-
    wusst zubereiten 72
(ü)(m) Das kostet ein Mittagessen 73

Selbstständig arbeiten nach Anleitung 74

4 Der private Haushalt als Ursprung vieler Berufe 75

Arbeiten im hauswirtschaftlichen Bereich 76
Der Koch/die Köchin bereitet Speisen
　professionell zu 78
Bäcker/-in und Konditor/-in –
　zwei verwandte Berufe 80
Pflegeberufe sind sozial geprägt 82
Interessen aufspüren und Fähigkeiten
　reflektieren 84

(m) Hauswirtschaftliche Betriebsleitung als
　Einstieg zum Aufstieg 86
(m) Professionelle Erziehung und Pflege
　mit Verantwortung 88
(ü) Privathaushalt und Fachbetrieb
　im Vergleich 90
(ü)(m) Aktivitäten in Haushalt und Fachbetrieb .. 91

Sich selbst beobachten und
　einschätzen lernen 92

Soziales Handeln im Bezugsrahmen des Haushalts

5 Soziales Miteinander 93

Erfolgreiches Arbeiten im Team 94
Soziale Institutionen und Einrichtungen
　im Lebensumfeld 96
Ein gemeinsames Vorhaben planen
　und gestalten 98
Die Verantwortung des Babysitters 100
Esskultur als Lebensstil 102
Brauchtum zu Ostern und Weihnachten 104

(ü) Eine Einladung im Team planen,
　gestalten und reflektieren 106
(ü)(m) Der Experte hat das Wort 107

Top-Ten-Test:
　Erkenne die Zusammenhänge 108

Aktuelles

6 Informationen suchen, finden und bewerten 111

Generationen im Dialog –
　Projekt „Esskultur früher und heute" 112
Arbeiten mit Anwenderprogrammen 116
Texte gestalten, korrigieren, speichern
　und drucken 118
Bilder und Texte aus dem Internet
　verarbeiten 120
Arbeiten mit Datenträgern 121

Diagramme lesen und verstehen 122

Planung von Lerneinheiten 123

Rezepte 125

Anhang 136
Nährwerttabelle 136
Obst- und Gemüsekalender 138
Glossar 139
Glossar der Küche 140
Rezeptverzeichnis 142
Stichwortverzeichnis 143
Impressum/Bildquellenverzeichnis 144

Hallo liebe Schülerin, lieber Schüler!

Der Hauswirtschaftlich-soziale Bereich soll dich darauf vorbereiten, wie du einen privaten Haushalt führen und Menschen versorgen und betreuen kannst. In diesem Schuljahr baut der Unterricht auf deinem Vorwissen aus der 7. Klasse auf. Außerdem wirst du Einblick in die Berufsfelder Ernährung und Gesundheit gewinnen und deine Fähigkeiten und Neigungen in diesem Bereich überdenken können.

Du kannst bei der Planung von größeren Lerneinheiten mitbestimmen und wirst umfangreichere Vorhaben selbstständig organisieren und im Team ausführen. Ferner bereitest du individuell (persönlich) zusammengestellte Speisen wirtschaftlich und zeitsparend zu, damit Genuss, Lebensfreude und Esskultur nicht zu kurz kommen.
In der Zeit des Fastfood lernst du den typischen Eigengeschmack der natürlichen Lebensmittel durch bewusstes Kosten und Schmecken besonders gut kennen.

In unserer Gesellschaft gibt es viele Menschen, die auf Hilfe und Zuwendung angewiesen sind. Du lernst Verantwortung für Säuglinge, Kleinkinder oder hilfsbedürftige Personen zu übernehmen. In der 8. Klasse kannst du sogar einen Babysitterpass erwerben. Die Fähigkeit, helfen zu können, bereitet dich auf Familie, Freizeit oder auch auf deinen Beruf vor. Das Gefühl, gebraucht zu werden, weckt Freude für ehrenamtliche Aufgaben und stärkt das Selbstwertgefühl.

Der Computer ist aus unserem Leben fast nicht mehr wegzudenken. Das Arbeiten am PC wird für dich ganz selbstverständlich werden. In der Projektarbeit und beim Aufzeigen von Zusammenhängen wirst du zum Profi. Die *Puzzlebausteine* am unteren Seitenrand helfen dabei, Zusammenhänge zu durchschauen.

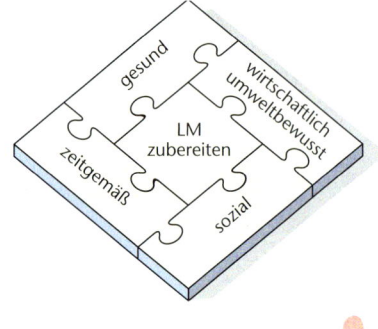

Die Doppelseiten sind wieder folgendermaßen aufgebaut: rechts unten der Aufgabenblock mit Zusatzaufgaben für die M-Schüler, die Puzzlebausteine und in den beiden Nebenspalten Informationen und *Merksätze*.

Die *Erweiterungsseiten* sind für die M-Schüler Pflicht. Selbstverständlich sind diese Seiten auch für clevere Schüler aus der Regelklasse eine interessante Zusatzinformation.

Im *Übungsteil* kannst du wiederum testen, ob du neue Inhalte und Methoden selbstständig anwenden kannst.

Weiterhin viel Erfolg beim gemeinsamen Schaffen!

Helga Wöhl
Maria-Anna Roth
Josefine Obermaier

1 Planen und Beschaffen

1 Planen und Beschaffen

Einkaufszettel:

Milch
Rahm
Öko-Eier
Gurke

Rationell planen, organisieren und sparen

In diesem Kapitel geht es um selbstständige Planung, Organisation, Durchführung und kritische Bewertung. Dabei spielen das sparsame Wirtschaften mit den vorhandenen Mitteln, vor allem der ökonomische Umgang mit Geld, eine große Rolle.

Überlegte Arbeitsplanung spart Zeit

Als Kilian und Kerstin um 15.00 Uhr von der Schule nach Hause kommen, lesen sie Mutters Brief:

Bereitet bitte bis 17.00 Uhr Hackbraten, Kartoffelbrei und Gurkensalat zu. Das Hackfleisch ist im Kühlschrank, andere Zutaten, die noch fehlen, kauft ihr ein.

Da nur wenig Zeit bleibt, organisieren sie ihre Arbeit. Sie schreiben einen Einkaufszettel und einen Organisationsplan.

Hackbraten

Zutaten	Arbeitsschritte
1 Semmel vom Vortag lauwarmes Wasser	einweichen und ausdrücken
1 Zwiebel 400 g Rinderhackfleisch 2 Eier Kräuter Salz, Pfeffer	fein würfeln zugeben und mit Gabel oder elektrischem Handrührgerät Fleischteig herstellen

Fülle zur Wahl
2 hart gekochte Eier
   oder 2 Wiener Würstchen
   mit Käse umwickelt oder je
½ rote, grüne, gelbe Paprika-
   schote, 1 Essl. Öl
	Aus dem Fleischteig eine Rolle formen, in der Mitte längs mit der Handkante einkerben, füllen, wieder zur Rolle formen und in eine leicht gefettete Bratform setzen.

1 Bund Suppengrün ¼ l Brühe 1 Essl. Tomatenmark etwas Rahm	waschen, zerkleinern, in Bratform geben nach und nach aufgießen Garzeit (45 Minuten, 200 °C) Soße abschmecken

Tipp: Zwei kleine Braten verkürzen die Garzeit.

Wenn alle Teilgerichte nacheinander zubereitet werden, ist das Essen erst in 105 Minuten fertig: 60 Minuten für den Hackbraten, 30 Minuten für den Kartoffelbrei, 15 Minuten für den Gurkensalat. Geschickte Organisation und Ineinanderarbeiten sparten erheblich Zeit, in unserem Fall 30 Minuten!

Bei allen Tätigkeiten im Haushalt und im Beruf erwartet man von dir, dass du Tätigkeiten in Teilschritte gliederst und folgerichtig ineinander arbeitend (und damit ökonomisch) ausführst.

Fettgehalt von Hackfleisch
Rind: 20% Fett
Schwein: 35% Fett
Gemischtes
Hackfleisch: 30% Fett

Hackfleisch am Tag des Einkaufs verarbeiten oder tiefgefrieren. Hackfleischgerichte sind kurzfristig im Kühlschrank haltbar.

Rationell planen, organisieren und sparen

Ein Organisationplan lohnt sich immer

Rüstzeiten, Garzeiten und Abkühlzeiten (Wartezeiten) bestimmen den Arbeitsablauf und fordern geschicktes Ineinanderarbeiten. Ausgangspunkt ist immer das Gericht mit der längsten Zubereitungs- oder Garzeit. Bereits bei der Zubereitung von nur zwei Speisen ist eine sinnvolle Abfolge wichtig, damit beide gleichzeitig fertig werden.

Zuerst werden Speisen mit Abkühl- oder Gelierzeit oder langer Garzeit zubereitet.

Zeit (75 Minuten)		Gefüllter Hackbraten	Kartoffelbrei	Gurkensalat	Sonstiges
	15 Min.	Semmel einweichen; Fleischteig herstellen; Fülle herrichten			
	10 Min.	Hackbraten füllen, formen, zusetzen und garen			
Garzeit des Hackbratens = 40 Min.	5 Min.				Tisch decken
	10 Min.		Schnellkochtopf herrichten; Kartoffeln waschen, schälen, zusetzen		Aufräumen
	10 Min.	Brühe aufgießen	Kartoffeln garen; Kartoffelpresse und Milch herrichten	Gurke vorbereiten, Marinade herstellen	
	10 Min.		Schnellkochtopf abkühlen lassen; Garnitur für den Kartoffelbrei vorbereiten		
	5 Min.	Brühe aufgießen; Brett und Messer zum Schneiden des Bratens und Anrichtegeschirr herrichten	Milch erwärmen		Aufräumen
	5 Min.		Kartoffeln durchpressen; Kartoffelbrei fertig stellen	Gurkensalat marinieren	
	5 Min.	Soße bereiten; Braten aufschneiden und anrichten	Kartoffelbrei anrichten	Gurkensalat anrichten	

Aufgaben

1. Stelle grundsätzliche Überlegungen zum sinnvollen Ineinanderarbeiten an.
2. Erstelle einen Einkaufszettel und einen Organisationplan anhand einer aus dem Unterricht bekannten Speisenfolge.
3. Erfrage bei deiner Lehrerin die nächste praktische Aufgabe und schreibe einen Organisationplan für die Arbeit im Team. Stelle deinen Plan der Klasse vor. Erprobt den Organisationplan in der Praxis.

Überlegtes Ineinanderarbeiten spart Zeit und Kraft.

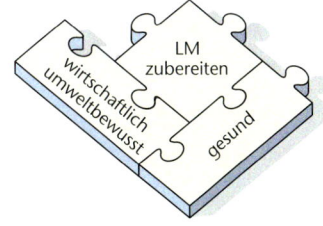

1 Planen und Beschaffen

Kluger Einkauf spart Geld

Planvolles Einkaufen umfasst viele Bereiche. Nicht nur der Lebensmitteleinkauf muss überlegt sein, sondern auch die Einkäufe für den täglichen Bedarf wie z. B. Hygieneartikel, Schulsachen usw.

Einkaufsgewohnheiten im Vergleich
Sowohl bei Familie Huber als auch bei Familie Hoffmann stehen Apfelküchlein auf dem Speiseplan. Trotzdem sind die Einkaufszettel und die Höhe der Ausgaben unterschiedlich.

! Die Verwendung bestimmt die erforderliche Qualität.

Preisvergleich:
1 Liter H-Milch: 0,89 €
1 Liter Frischmilch: 1,19 €

Familie Huber		Familie Hoffmann	
1 kg Weizenmehl (Type 405)	0,49 €	1 kg Bio-Weizenauszugsmehl mit Keimling	1,29 €
2 l H-Milch 1,5 % Fett	1,38 €	2 l Frischmilch 3,5 % Fett	2,38 €
10 Eier vom Markt (Gewichtsklasse M, Bodenhaltung)	1,50 €	10 Bio-Eier (Gewichtsklasse XL, Freilandhaltung)	2,70 €
1 l Speiseöl (Angebot)	1,49 €	1 l Bio-Rapsöl	4,50 €
2 kg Äpfel (Klasse II)	3,98 €	2 kg Äpfel (Klasse Extra und I)	5,35 €
2 Becher Sahne	0,98 €	2 Becher Bio-Schlagsahne	1,70 €
1 Packung Vanilleeis (Angebot)	1,99 €	1 Packung Vanilleeis (Markenprodukt mit echter Vanille)	5,98 €
Gesamt:	11,81 €	Gesamt:	23,90 €

! Tierschützer und umweltbewusste Verbraucher akzeptieren einen höheren Preis für ökologische Eier.

Familie Hoffmann gibt für die Apfelküchlein 12,09 € mehr aus als Familie Huber.

Warenangebot und Qualität prüfen
Am Beispiel Eiereinkauf wird deutlich, was überlegter Einkauf ist. Aus der 7. Klasse ist bekannt, dass Eier mit der Gewichtsklasse M für alle Rezepte geeignet sind. Die Qualität eines Eis hängt nicht von der Größe ab. Laut Statistik beträgt der Eierverbrauch pro Kopf im Jahr 220 Stück. In einem 4-Personen-Haushalt wie bei Familie Huber und Familie Hoffmann sind das 880 Eier.

Familie Hoffmann	Gew. XL	1 Ei 0,27 €	880 Eier 237,60 €
Familie Huber	Gew. M	1 Ei 0,15 €	880 Eier 132,00 €
Differenz:			105,60 €

Staatliches Kennzeichen für Lebensmittel aus ökologischer Erzeugung und Produktion

In der Regel sind Eier vom Wochenmarkt frischer und preiswerter.

Apfelküchlein (Pfannkuchenteig Seite 10)

Zutaten	Arbeitsschritte
4–5 Äpfel	waschen, schälen, entkernen, in $1/2$ cm dicke Scheiben schneiden
etwas Zitronensaft	Apfelringe damit beträufeln und zudecken
etwas Speiseöl	Apfelringe durch den Teig ziehen und in heißem Fett von beiden Seiten goldgelb ausbacken. Zum Entfetten auf Küchenpapier legen
Nach Belieben: Zucker-Zimt-Mischung 1 Becher Sahne 4 Kugeln Vanilleeis	darin wenden schlagen portionieren und anrichten

Tipp: Statt Äpfel kann man auch Ananasscheiben, entsteinte Zwetschgen oder Holunderblüten nehmen.

 Der informierte Kunde denkt wirtschaftlich und gesundheitsbewusst.

Tipps zum sparsamen und gesundheitsbewussten Einkaufen

Ein stets preis- und qualitätsbewusster Einkauf wirkt sich merklich positiv auf die Haushaltskasse aus. Das gilt nicht nur für Lebensmittel.

- Wähle die Lebensmittel entsprechend der Verwendung aus (z. B. Obst, Gemüse, Milch, Fleisch).
- Lies die Aufschrift auf verpackten Lebensmitteln gründlich.
- Vergleiche Preise von Groß- und Kleinpackungen.
- Bevorzuge saisonale und regionale Waren.
- Kaufe leicht verderbliche Waren in geringen Mengen ein.
- Lege auf umweltbewussten Einkauf Wert.
- Wäge zwischen No-Name-Produkten und Markenprodukten ab.

 Nutze Verbraucherinformationen.

 Kritische Sachinformationen bieten Verbraucherdienst, Verbraucherverbände und Stiftung Warentest.

Aufgaben

1. Nimm Stellung zum Einkaufsverhalten von Familie Huber und Familie Hoffmann, überlege Verbesserungsvorschläge.
2. Begründe die Aussage: Ein kritischer Verbraucher kauft überlegt und preisbewusst ein.
3. Erkläre die Tipps zum sparsamen und gesundheitsbewussten Einkaufen an konkreten Beispielen.
4. Familie Huber und Familie Hoffmann verbrauchen wöchentlich 8 l Milch. Berechne die Menge pro Jahr und ermittle die Ausgaben anhand der Preise in der Tabelle.
5. Schlage im Telefonbuch die nächste Verbraucherzentrale nach.
6. Informiere dich auf Seite 22 über Lebenshaltungskosten.

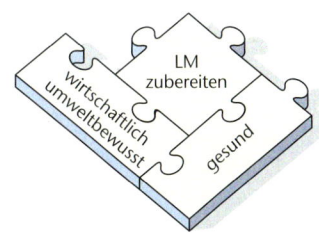

Mit Vorräten Zeit und Geld gewinnen

Einen Vorrat zu haben spart Wege, Zeit und Geld, bringt Abwechslung in den täglichen Speisezettel und du wirst zudem unabhängiger von Markt und Saison.

Corinna und Christian kommen hungrig von der Schule nach Hause. Sie bereiten ihre Lieblingsspeise Pfannkuchen zu.

Christian: Pass auf, ich lese das Rezept vor.
Corinna: Müssen wir dazu einkaufen gehen?
Christian: Nein! Ich glaube, es ist alles in Kühlschrank, Vorratsschrank und Keller.
Corinna: Ich habe eine Idee! Da das Rezept so einfach ist, stellen wir gleich die doppelte Menge her. So haben wir fein geschnittene Pfannkuchen für die Suppe zum Abendessen oder als Vorrat im Tiefkühlschrank.

Pfannkuchen – eine runde Sache (Grundrezept)

Zutaten	Arbeitsschritte
250 g Mehl	in Schüssel sieben
1 Prise Salz	zugeben
$3/8$ l–$1/2$ l Milch und 2 Eier	nach und nach zugeben, bis zur Hälfte unterrühren und restliche Milch zugeben – der Teig sollte dünnflüssig sein
1 Essl. Pflanzenöl zum Ausbacken (sparsames Fetten der Pfanne mit dem Backpinsel)	erhitzen, Teig mit Schöpflöffel in die Pfanne füllen und von beiden Seiten goldbraun backen

Abwandlung nach Wahl:

1. Kräuter-Schinken-Pfannkuchen

50 g Schinken 1 Essl. gehackte Kräuter	Schinken würfeln und mit Kräutern in den Teig mischen

2. Apfel-Pfannkuchen

1–2 Äpfel	Äpfel waschen, mit oder ohne Schale in dünne Spalten schneiden und unter den Teig mengen

3. Marmeladen-Pfannkuchen

3–4 Essl. Marmelade, Gelee oder Konfitüre aus dem Vorrat	Marmelade verrühren, auf den heißen Pfannkuchen aufstreichen, Pfannkuchen rollen oder zusammenklappen

4. Spinat-Pfannkuchen

ca. 100 g TK-Spinat	TK-Spinat nach Päckchenaufschrift zubereiten, in Pfannkuchen füllen

Tipp: Übrig gebliebene, pikante Pfannkuchenreste in dünne Streifen (Flädle) schneiden und als Suppeneinlage bevorraten.

Mit Vorräten Zeit und Geld gewinnen

Vorratsarten und ihre Lagerung

Vorratshaltung verlangt überlegte Planung und zweckmäßigen Einkauf sowie sachgerechte Lagerung und Wartung der Lebensmittel. Vorräte, die während der Lagerung keine Energie benötigen, sparen Geld und schonen die Umwelt.

Trockenvorrat und Konserven	Frischvorrat	Tiefkühlvorrat	Saisonvorrat
Reis Nudeln Mehl Hülsenfrüchte Haferflocken Getreide Knäckebrot Zwieback	Obst Gemüse Salat Milch Milchprodukte Eier/Butter Fleisch/Wurst Fisch Zubereitete Speisen	Gemüse Obst Fleisch Fisch Zubereitete Speisen Backwaren Brot Butter	Äpfel Kartoffeln Krautköpfe Karotten Sauerkraut Zwiebel
Lagerung			
ohne Energieaufwand • Vorratsschrank, Fach, Speisekammer • kühl, trocken, dunkel, luftig	Strom erforderlich • Kühlschrank mit richtiger Temperatureinstellung und regelmäßigem Abtauen	Strom erforderlich • Tiefkühlfach, Tiefkühlschrank, Tiefkühltruhe mit richtiger Lagertemperatur bei minus 18 °C, keine Eisschicht	ohne Energieaufwand • Vorratsschrank oder Keller • kühl, trocken, frostfrei, luftig
zwischen 6 Monaten und 1 Jahr	nur kurzfristig haltbar	Lagerzeit einhalten	bei regelmäßiger Kontrolle Wochen bis Monate haltbar

Gut eingerichteter Vorratsraum

Nur ein sachgerecht gelagerter Vorrat spart Zeit, Kraft und Geld. Energiesparender Vorrat ist umweltschonend.

Notvorrat

Jeder Haushalt sollte mit einem Notvorrat für unvorhergesehene Situationen gerüstet sein, der pro Person für ca. 14 Tage ausreicht und unabhängig von der Stromversorgung zu verzehren ist. Geeignete Lebensmittel sind zum Beispiel: Fisch-, Fleisch-, Obst- und Gemüsekonserven, Knäckebrot, Zwieback, Kekse, Müsli, Mineralwasser, Milch und Fruchtsäfte.

Aufgaben

1. Ordne die Zutaten aus dem heutigen Gericht der jeweiligen Vorratsart zu.
2. Erkläre die Zusammenhänge von Vorratshaltung und Umweltschutz am Beispiel Pfannkuchen.
3. Begründe die Aussage: Ein guter Rat – halte Vorrat.
4. Nenne geeignete Vorratsarten für den Notvorrat.
5. Führt die Wartung von Frisch- und Trockenvorrat praktisch aus.
6. Lies in der Gebrauchsanleitung des Kühlschrankes nach, wie Lebensmittel richtig in den Kühlschrank eingeordnet werden und begründe.
7. Informiere dich im Internet unter dem Suchbegriff „Notvorrat" genauer über Empfehlungen zum Notvorrat. Erstelle eine Liste am PC.

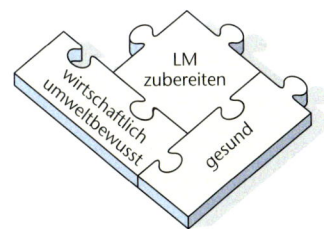

Zum Vergleich: 1 kg Johannisbeermarmelade	
Gekauftes Fertigprodukt	ca. € 3,50
Vorrat aus eigenem Anbau	ca. € 1,00
Vorrat aus gekaufter Ware	ca. € 2,50

Tipp: Zitronensäure erhöht die Gelierkraft der Marmelade.

 Zuckerärmere Marmeladen haben eine geringere Haltbarkeit als zuckerreiche.

Selbst hergestellter Vorrat – individuell und preisgünstig

Schon im Frühjahr bietet der Supermarkt preisgünstige ausländische Erdbeeren an. Wir entschließen uns zu warten, bis in unserer Region im Mai/Juni vollreife, aromatische Erdbeeren im Schulgarten oder auf der nahen Erdbeerplantage zum Selbstpflücken wachsen. Bei Erdbeeren aus dem Garten können wir sogar sicher sein, dass sie ungespritzt sind.

Einkochen – zeitgemäß ausgeführt

Sommermarmelade Erdbeer-Rhabarber	
Zutaten	Arbeitsschritte
500 g Erdbeeren und 500 g Rhabarber (einwandfreie Ware) 500 g Gelierzucker 5 g Zitronensäure	verlesen, säubern, vierteln, waschen, schälen, in 1 cm große Stücke schneiden
	Erdbeeren, Rhabarber, Zucker und Zitronensäure in weitem, flachem Topf erhitzen und zum Kochen bringen

Einkochen gelingt durch Gelierhilfen im Handumdrehen. Ob als Zucker, Pulver oder Flüssigkeit enthalten sie Traubenzucker, Fruchtsäure und Pektin. Das natürliche Pektin, aus unreifen Äpfeln gewonnen, bewirkt das Gelieren in Marmeladen und Gelees. Gelee wird aus dem reinen Saft von Früchten hergestellt.
Konfitüre besteht aus Früchten einer Obstsorte und enthält Fruchtstücke. Marmeladen können aus mehreren Obstsorten bestehen.

Herbstmarmelade Zwetschgen-Birnen	
Zutaten	Arbeitsschritte
500 g reife Zwetschgen und 500 g Birnen	waschen, entsteinen, vierteln, waschen, schälen, Kernhaus entfernen, klein schneiden
500 g Gelierzucker 5 g Zitronensäure	
	Obst, Zucker, Zimt und Zitronensäure in einem weiten, flachen Topf erhitzen und zum Kochen bringen

Fertigstellung der Marmeladen
Drei Minuten durchkochen und sofort in heiß ausgespülte, makellose Twist-off-Gläser füllen, Gläser schließen und auf den Deckel stellen. Gläser etikettieren.

Selbst hergestellter Vorrat – individuell und preisgünstig

Das Prinzip der Haltbarmachung

Durch das Haltbarmachen (Konservieren) von Lebensmitteln wird vor allem das Verderben durch mikrobiologische Vorgänge (Schimmel, Gärung, Fäulnis) verhindert. Bei der Konservierung werden die Lebensbedingungen für die Kleinlebewesen (Mikroorganismen) wie Wasser, Wärme, Luft, Nahrung durch Hitze und Wasserentzug zerstört.

Rotgelbes Paprikarelish

Zutaten	Arbeitsschritte
500 g gelbe Paprikaschoten 500 g rote Paprikaschoten (einwandfreie Ware)	heiß waschen, putzen, klein würfeln
1 Gemüsezwiebel 5 Essl. Öl	schälen, würfeln, erhitzen, Gemüse darin andünsten
175 g Zucker 1 Teel. Salz ¼ l Weißweinessig 1 Essl. eingelegter grüner Pfeffer 1 Bund Petersilie	zufügen, aufkochen ca. 20 Min. bei mittlerer Hitze unter Rühren kochen klein schneiden, 5 Min. vor Ende der Garzeit zugeben
Die weitere Fertigstellung ist wie bei den Marmeladen.	

Haltbarmachung von Marmelade und Relish

„Selbsteingekochtes" wird hoch geschätzt. Vorteile liegen in der Kontrolle der Herkunft und der Qualität der Lebensmittel (z. B. aus dem Garten oder aus der Region). Früchte aus eigener Ernte sind in jedem Fall kostengünstiger, der Arbeits- und Zeitaufwand ist hier eher zu rechtfertigen. Eine individuelle Zusammenstellung ist möglich. Neuere Rezepte sind zuckervermindert, dadurch weniger energiereich und auch nicht so lange haltbar. Die Gläser sind wiederverwendbar und die Lagerung erfordert keine Stromkosten. Die verkürzten Kochzeiten tragen zum Erhalt der Vitamine und Mineralstoffe sowie der Farbe des Obstes bei.

Aufgaben

1. Begründe die durchgeführten Vorbereitungsarbeiten bei der Haltbarmachung von Lebensmitteln.
2. Stelle Vor- und Nachteile selbst hergestellter und gekaufter Marmeladen gegenüber.
3. (m) Erkläre die unterschiedlichen Preise am Beispiel Johannisbeermarmelade.
4. (m) Schreibe und gestalte am PC die Etiketten für die Marmelade und/oder das Relish zeitsparend.

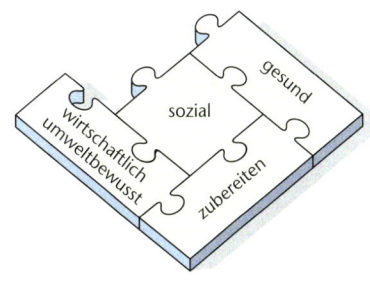

Sachgerechtes Tiefgefrieren hilft sparen

Der Schulgarten und das heimische Marktangebot bieten im Herbst günstig Wurzel- und Zwiebelgemüse sowie reichhaltig Kräuter an, die sich zur Bevorratung eignen.

Saisonobst oder auch zubereitete Suppen, Gerichte, auch selbst hergestellter Teig und selbst gebackene Kuchen lassen sich gut tiefgefrieren.

Gratinierte Gemüsesuppe der Saison

Zutaten	Arbeitsschritte
1 kleine Stange Lauch	längs halbieren, waschen, in feine Streifen schneiden
2–3 Karotten 1 Petersilienwurzel 1/4 kleine Sellerieknolle	putzen, waschen, schälen, in Julienne schneiden
2 Essl. Öl	erhitzen und Gemüse andünsten
1–1 1/4 l Brühe	angießen
1/2 Tasse Tiefkühlerbsen 2 Essl. Tomatenmark	zugeben hinzufügen, Garzeit ca. 20 Min.
100 g geriebenen Käse	Suppe in Terrine oder Tassen füllen, aufstreuen und im Backrohr bei 200 °C kurz überbacken
2 Scheiben Toastbrot etwas Butter	Croûtons herstellen
1 kleine Zwiebel Kräutern nach Wahl	Ringe schneiden und rösten, auf die fertige Suppe geben und mit anrichten und sofort servieren

Tipp: Doppelte Menge zubereiten und die Hälfte tiefgefrieren spart Zeit.

Suppengemüse – rationell verarbeitet und tiefgefroren

- **Vorbereiten**

  Lebensmittel, die tiefgefroren werden, sollen frisch und von einwandfreier Qualität sein.

  Das Gemüse für den Tiefkühlvorrat wird genauso wie für die Suppe gesäubert und geschnitten.

  Gemüse wird vor dem Schockfrosten (−30 °C) blanchiert. Dazu gibt man das Gemüse für 2–3 Minuten in kochendes Wasser. Anschließend wird es mit kaltem Wasser abgeschreckt.

- **Verpacken**

  Gemüse in Mehrwegverpackungen wie gefriergeeignete Plastikdosen oder Beutel einfüllen, schließen und beschriften.

Zum Tiefgefrieren der fertigen Gemüsesuppe eignen sich nur hohe, gut verschließbare und gefriergeeignete Plastikbehälter.

Sachgerechtes Tiefgefrieren hilft sparen

Schockfrosten und Lagern

Um schockfrosten zu können, benötigen wir ein Gefriergerät mit dem Vier-Sterne-Symbol.
Das Vorfrostfach sollte leer sein und eine Temperatur von mindestens –30 °C aufweisen. Ist der Vorgang abgeschlossen, d. h. die Lebensmittel sind bis zum Kern durchgefroren, dann genügt anschließend eine Lagertemperatur von –18 °C. Bei dieser Temperatur wird auch gekaufte Tiefkühlkost gelagert.
Die Lagerzeit ist unterschiedlich. Sie kann je nach Art des tiefgefrorenen Lebensmittels zwischen wenigen Monaten und bis zu einem Jahr schwanken.

Weiterverarbeiten

Aufgetaute Lebensmittel sind sofort zu verarbeiten. Werden sie gegart, so können sie noch einmal tiefgefroren werden.

Wartung des Tiefkühlgerätes

Regelmäßiges Abtauen verhindert Reif- und Eisbildung im Gerät und spart somit Energie.

Tiefkühlkost – Energieaufwand bei Herstellung, Lagerung und Transport

Aus der Grafik wird deutlich, dass häusliches Tiefgefrieren ökonomisch und ökologisch ist.

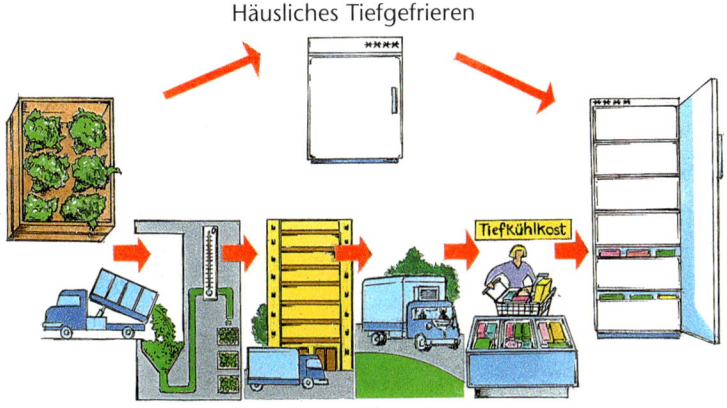

Schockfrosten erhält die Qualität

Langsames Einfrieren mindert die Qualität

Was sagen die Sterne?

* = –6 °C
** = –12 °C
*** = –18 °C
**** = –30/–36 °C

Mindesthaltbarkeit von Tiefkühlkost

(Lagerdauer in Monaten bei –18 °C)

Die Tiefkühlkette

von der Ernte bis zum Einzelhandel ist gesetzlich geregelt. Der sachgemäße Transport zum eigenen Tiefkühlgerät liegt in der Verantwortung des Kunden.

Aufgaben

1 Vergleiche industrielles und häusliches Tiefgefrieren unter dem Aspekt Umweltschutz.

2 Erkläre den Vorgang beim Blanchieren.

(m) 3 Nenne die Vorteile des Schockfrostens.

(m) 4 Schreibe ein Lagerbuch am PC.

(m) 5 Begründe die Überschrift und gestalte ein Plakat.

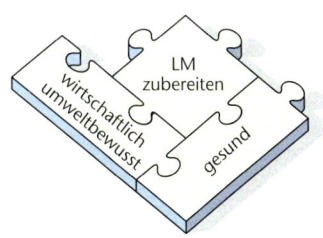

1 Planen und Beschaffen

Sinnvolle Resteverwertung spart Geld

Tina und Tobias sitzen hungrig über den Hausaufgaben.

Tobias: Mir knurrt der Magen, ich habe richtig Hunger!
Tina: Werfen wir doch einen Blick in den Kühlschrank. Mal sehen, was sich aus den Resten von gestern zubereiten lässt. ... Salzkartoffeln, Schinken, Wurst, Käse, Eier und etwas Gemüse sind im Kühlschrank.
Tobias: Vielleicht können wir Mutti mit einer bunten Pfanne überraschen, die keinen Cent zusätzlich kostet.

Tiroler Gröstel

Zutaten	Arbeitsschritte
100 g Wurst nach Wahl (Kabanossi, Debreziner)	in Scheiben schneiden
1 Zwiebel	schälen, würfeln
etwa 200 g Gemüse der Saison (z. B. Paprikaschoten, Zucchini)	klein schneiden
50 g gekochter Schinken	würfeln
500 g gekochte Kartoffeln	in dünne Scheiben schneiden
4 Essl. Öl	erhitzen, in der aufgeführten Reihenfolge anbraten
3 Eier 1 Prise Salz	verquirlen, über die Bratkartoffeln geben und bei schwacher Hitze stocken lassen
Pfeffer, Salz	abschmecken
Schnittlauchröllchen	garnieren

Tipp:
- Mit einem frischen Salat der Saison wird die Pfanne zu einem vollwertigen Gericht. Nach Geschmack Käse zugeben.

Sparsamer Einkauf

Wirtschaftliches Handeln bezieht sich nicht nur auf Geld, sondern auch auf den sparsamen Umgang mit Lebensmitteln und Speiseresten. Am geschicktesten ist es, nur so viele verderbliche Lebensmittel einzukaufen und zu verarbeiten, wie benötigt werden. So entstehen keine Reste.

 Lebensmittel wegzuwerfen bedeutet Geld wegzuwerfen.

Sachgerechte Lagerung von Speiseresten

Selbstverständlich müssen Lebensmittel- und Speisereste hygienisch einwandfrei gelagert und möglichst rasch weiterverarbeitet werden. Auch die zubereiteten Speisen aus Resten halten sich nur ein bis zwei Tage im Kühlschrank.

Sinnvolle Resteverwertung spart Geld

Reste überlegt zusammengestellt

Ein echter Koch/eine echte Köchin zaubert aus Resten ein neues schmackhaftes und ansprechendes Menü. Mit Kreativität und Wissen gelingt das immer wieder aufs Neue. Dabei kommt es besonders auf die Zusammenstellung der Lebensmittel nach Farbe und Geschmack, auf gekonntes Würzen, Abschmecken und Präsentieren der Speisen an.

Viele bekannte Speisen wie Paella, Schweizer Rösti, Pizza und Risotto dienten ursprünglich der Resteverwertung.

Kartoffeln
- Tiroler Gröstel
- Schweizer Rösti
- Bauernpfanne
- Kartoffelgratin
- Bratkartoffeln
- Kartoffelsuppe mit Wursteinlage
- Kartoffeln vom Blech

Nudeln/Reis
- Minestrone
- Salat mit Gemüse/Wurst
- Schinkennudeln
- Gefüllte Paprika
- Risotto
- Paella

Knödel
- Gebackene Scheiben mit Ei
- Essigknödel
- Semmelknödelscheiben mit Pilzsoße

Weißbrot
- Arme Ritter
- Semmelknödel
- Goldwürfel als Suppeneinlage oder auf Salate
- Semmelauflauf

Pfannkuchen
- Pfannkuchensuppe
- Überbackene Pfannkuchen

Gemüse
- Minestrone
- Gemüsegratin
- Gemüsepizza

Obst
- Kompott
- Mus
- Saft
- Soßen

Restevielfalt – kreativ

Aufgaben

1 Stelle aus den Zutaten Pellkartoffeln, Fleisch- und Gemüseresten sowie mit weiteren frischen Zutaten nach Wahl eine schmackhafte Pfanne her und garniere sie kreativ.

2 Bewerte die kreative Restepfanne nach Aussehen, Geschmack, gesundheitlichem Wert und Preis.

3 Formuliere Regeln zur Vor- und Zubereitung bei der Resteverwertung.

m 4 Informiere dich im Internet durch gezielte Suche nach preiswerten Rezepten, bei denen Reste Verwendung finden.

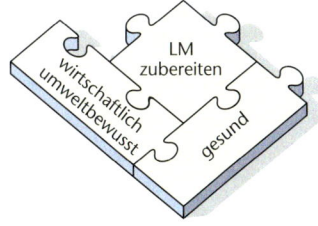

Projektskizze Eigenproduktion und Vermarktung

Die Klasse 8b schlägt ihrer HsB-Lehrerin vor, ein Produkt im Schulhaus anzubieten, das bei allen beliebt ist.

Einladung
an die Klasse und den Lehrer der 8b

Wir treffen uns am kommenden Dienstag um ca. 12.00 Uhr in der Schulküche
8b HsB

Wir wählen das Gericht aus

- Erste Unterrichtseinheit
  - Infrage kommen nur Gerichte, die gesund, preiswert und mit geringem Aufwand zuzubereiten sind, sowie Region und Saison berücksichtigen (z. B. süßes oder pikantes Gebäck, kalte oder warme Speisen).
  - Wir entscheiden uns für ein warmes, pikantes Gebäck (z. B. Pizza – siehe Rezeptteil Seite 134).

↓

Wir entscheiden uns für einen Teig und geeignete Beläge

- Pizza mit verschiedenen Belägen (vegetarisch; Fisch; Salami, ..., siehe Rezeptteil)
- Hefe- oder Quarkölteig aus Vollkorn- oder Auszugsmehl
- Aus ökonomischen Gründen wählen wir Hefeteig; er kann außerdem vorbereitet und tiefgekühlt werden.
- Wir schreiben den Einkaufszettel für den Hefeteig.

↓

Wir organisieren den Arbeitsablauf und arbeiten nach Plan

- Zweite Unterrichtseinheit
  - Teig herstellen und tiefgefrieren
  - Wir schreiben den Einkaufszettel für die Pizzabeläge.

↓

Werbewirksame Aufbereitung für den Verkaufstag

- Dritte Unterrichtseinheit
  - Gespräch mit Schulleiter und Klassenlehrern
  - Aufgabenverteilung für die Teamarbeit bei der Produktherstellung und beim Verkauf
  - Einladungskarte und Infoblatt mit PC schreiben und gestalten
  - Dekoration für die Räume vorbereiten
  - Werbeplakat erstellen

↓

Produktherstellung und Vermarktung

- Vierte Unterrichtseinheit
  - Pizza zubereiten im Fließbandsystem: Ein Schüler knetet den Teig, gibt den Teig auf das Blech und deckt die Tische. Ein anderer Schüler bereitet die Tomaten-Gewürz-Mischung zu, bestreicht damit den Teig und richtet die Getränke her. Die beiden anderen Kojenmitglieder sind für den festen Belag zuständig und haben die Verantwortung beim Backen.
  - Alternative: Jeder Schüler stellt ein Blech Pizza alleine her.

↓

Rückblick

- Fünfte Unterrichtseinheit
  - Bericht für die Schülerzeitung, Gewinn ermitteln
  - Gemeinschaftserlebnis, Freude an Teamarbeit
  - Einblick in die Berufswelt

Projektskizze Eigenproduktion und Vermarktung

Wir vermarkten Pizza mit Gewinn

Werbung begegnet uns auf Schritt und Tritt. Über Radio, Fernsehen, Internet, Werbeplakate, in Geschäften, Zeitschriften und Tageszeitungen versucht sie uns zu informieren und zu beeinflussen. Bei der Vermarktung der Pizza erproben wir selbst die Wirkung der Werbung.

Der Verkaufspreis ergibt sich aus den Unkosten plus 50 % Gewinnspanne.

informiert ← **Werbung** → suggeriert

Suggerieren heißt beeinflussen. **!**

Pizza Service
der Klasse 8b

Ort: Pausenhalle
Zeit: Dienstag, _____ 12 Uhr

große Pizza 2,50 €
kleine Pizza 1,50 €

Zutaten:
Teig: Bio-Weizen-Auszugsmehl, Frischhefe
Belag: Frisches Gemüse vom Markt, echte italienische pürierte Tomaten, Putemsalami und Bio-Rindersalami, Emmentaler, Gouda, Olivenöl, italienische Gewürze: Basilikum, Oregano; Jodsalz

Nur auf Sonderbestellung

Pizza mit Tunfisch
Pizza vegetarisch

große Pizza 3 €

Pizza wird im Essraum der Schulküche serviert.

Buon appetito!

Aufgaben

1. Vergleiche Einzelarbeit und Fließbandarbeit nach Zeitaufwand und Lernzuwachs.
2. Nenne Vorzüge der Teamarbeit in der Projektarbeit.
3. Betrachte die Plakate und nenne informative und suggestive Werbeaussagen.
4. Erkläre die unterschiedlichen Preise auf den Plakaten.
5. Erläutere, wie der Verkaufspreis am Beispiel Pizza errechnet wird.
6. Informiere dich auf Seite 24/25 näher über Werbestrategien.

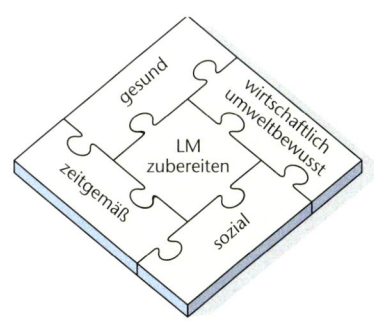

1 Planen und Beschaffen

Einnahmen und Ausgaben

Der sparsame Umgang mit Geld ist eine Kunst, die erlernt werden kann. Wer sein Geld richtig einteilen will, sollte damit beginnen Einnahmen und Ausgaben regelmäßig aufzuschreiben. Dazu ist ein Haushaltsbuch sinnvoll. Zum Anlegen eines Haushaltsbuches genügt ein kariertes Heft.

Prinzip des Haushaltsbuches

Die äußere Form des Haushaltsbuches soll übersichtlich sein, damit genaue Eintragungen möglich sind und wenig Schreibarbeit anfällt.

Für die Taschengeldabrechnung genügen fünf Spalten, um Datum, Erläuterungen, Einnahmen und Ausgaben einzutragen und den Kassenbestand zu errechnen.

Vorsorge schützt vor Sorge.

Datum	Erläuterung	Einnahmen €	Ausgaben €	Kassenbestand €
				30,00
01.09.	Taschengeld	20,00		50,00
02.09.	2 Hefte		0,50	49,50
04.09.	1 Batterie		1,50	48,00
15.09.	Handy-Karte		15,00	33,00
17.09.	1 CD		9,99	23,01
25.09.	1 Eis		2,50	20,51
28.09.	Werbeprospekte austragen (Job)	40,00		60,51
28.09.	1 Füller mit Patronen		12,50	48,01
30.09.	Taschengeld Oktober auf Sparbuch	20,00	20,00	48,01

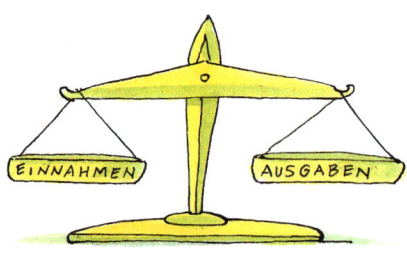

Einnahmen und Ausgaben einschließlich Rücklagen müssen sich die Waage halten.

Das Haushaltsbuch verschafft Überblick

Der Überblick im Haushaltsbuch unterstützt auch die Reflexion darüber, ob getätigte Ausgaben sinnvoll oder unnötig waren. Nur so können Einsparungsmöglichkeiten überlegt und bei den nächsten Einkäufen gezielter berücksichtigt werden.

Vergleich von Einnahmen und Ausgaben

Die Einnahmen sollen von den Ausgaben nicht restlos aufgezehrt werden. Ein Teil der Einnahmen sollte auf der Bank angelegt werden, um damit in der Zukunft größere Anschaffungen finanzieren zu können und eine stille Reserve für Notfälle zu haben.

Einnahmen und Ausgaben

Sparsamer Umgang mit dem Taschengeld

Mirko und Marlene unterhalten sich.
Marlene: Mir reicht das Taschengeld fast nie!
Mirko: Ich habe sogar ein Konto bei der Bank.
Marlene: Wie machst du das nur?
Mirko: Ich spare und überlege mir jeden Einkauf.

Das regelmäßige Sparen fester Summen, der gelegentliche Verzicht auf Konsum, das Vermeiden von Eil- und Spontaneinkäufen, auch einmal zu tauschen statt zu kaufen, ein selbst hergestelltes anstelle eines gekauften Geschenks – das alles trägt zum Auskommen mit dem Einkommen bei.

Von je 100 Sechs- bis 19-Jährigen können monatlich **so viel Geld*** ausgeben

*Taschengeld, Geldgeschenke, Einnahmen durch Jobben
Quelle: KVA 2001   © Globus 7200

Das Haushaltsbuch einer Familie

Jeder Haushalt – ob privat oder öffentlich, wie Gemeinde oder Staat – muss mit den vorhandenen Mitteln wirtschaften. Das Haushaltsgeld, das einer Familie zur Verfügung steht, muss bis zum Monatsende reichen.

Haushaltsbuch über eine Woche

Datum	Einnahmen	€	Ausgaben Ernährung	€	Sonstiges	€	Ausgaben gesamt €	Kassenstand €
								110,00
01.10.	Haushaltgeld	400,00					400,00	510,00
02.10.			Gemüse	20,20	Tanken	45,00		
			Käse	7,60				
				27,80		45,00	72,80	437,20
03.10.			Fleisch	10,20	Geschenk	7,50		
			Vorrat	15,00				
				25,20		7,50	32,70	404,50
05.10.			Getränke	42,00				
				42,00			42,00	362,50
06.10.			Brot	8,80	Buskarte	12,00		
			Fisch	15,00				
				23,80		12,00	35,80	326,70

Aufgaben

1 Formuliere Tipps zur Vermeidung hoher Handy-Rechnungen.

2 Führe einen Monat lang ein Haushaltsbuch über dein Taschengeld per Hand oder am PC.

3 Vergleiche die beiden Haushaltsbücher und erkläre Unterschiede und Gemeinsamkeiten.

m 4 Informiere dich auf Seite 22 über die Ausgaben der privaten Haushalte.

Mit Einkaufszettel und Kassenbon ist die Buchführung einfach.

Sparen – heute schon an morgen denken!

1 Planen und Beschaffen

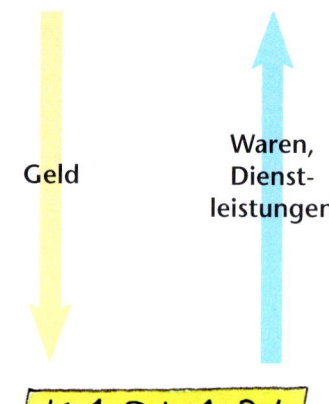

Geld → ← Waren, Dienstleistungen

! Es gibt feste Ausgaben und veränderliche Ausgaben.

! Sparen heißt Nichtverbrauchen von Geld.

Die Lebenshaltungskosten privater Haushalte

Zur Lebenshaltung zählen nicht nur die Ernährung, sondern auch Wohnung, Kleidung, Auto, Rücklagen, Verkehrsmittel, Heizung, Strom, Kommunikationsmittel und Unterhaltung. Laut Statistik geben die privaten Haushalte ihr Geld prozentual wie folgt aus:

Dahin geht das Haushaltsgeld
Konsumausgaben der privaten Haushalte in Deutschland im Jahr 2000 in Milliarden Euro

Mieten	198
Nahrungsmittel	117
Bekleidung	61
Autos	61
Restaurants, Kneipen u.a.	49
Priv. Versicherungen, Finanzdienstleistungen	47
Gesundheitspflege	46
Autoreparatur, Ersatzteile u.a.	43
Strom, Gas, Heizöl u.a.	42
Kraftstoffe	38
Möbel, Teppiche	37
Kino, Theater, Konzert, Sportveranstaltungen	35
Telefon, Post	27
Wasserversorgung, Abwasser u.a.	27
Körperpflege	25
Zeitungen, Zeitschriften, Bücher, Schreibwaren	23
Alkoholische Getränke	22
Öffentliche Verkehrsmittel	21
Tabakwaren	21
Sonstige Dienstleistungen	20
TV, Video, Radio, Foto u.a.	20
Garten, Haustiere	18
Alkoholfreie Getränke	14
Persönl. Gegenstände (z.B. Schmuck)	13
Haushaltsführung	13
Haushaltsgeräte	11
Schuhe	10
Pauschalreisen	10
Geschirr, Gläser u.a.	10
Bildungswesen	8
Dienstleistungen sozialer Einrichtungen	7
Wohnungsinstandhaltung	7
Heimtextilien	6
Hotel, Gasthof (Übernachtung)	6
Werkzeug, Gartengeräte	5

Quelle: Statistisches Bundesamt © Globus 7032

Wo das Haushaltsgeld bleibt
Jeder Haushalt hat feste und veränderliche Ausgaben. Monatlich anfallende feste Ausgaben sind z.B. Miete, Strom, Grundgebühren, Versicherungen, Verkehrsmittel und Rücklagen. Veränderliche Ausgaben für Freizeit, Unterhaltung, Geschenke und Urlaub können in der Höhe beeinflusst und wenn nötig ganz eingespart werden.

Leistungen zur Lebenshaltung
Private Haushalte müssen wie ein Betrieb wirtschaften. Der Unterschied liegt darin, dass Betriebe produzieren, während private Haushalte überwiegend konsumieren. Die Hausfrau oder der Hausmann bringen ihre Arbeitskraft bei der Haushaltsführung ohne Entlohnung ein. Ein überlegtes und sparsames Wirtschaften kann die Lebenshaltungskosten niedriger halten. So spart z.B. Eigenproduktion Geld. Die erbrachte Arbeitsleistung der Hausfrau oder des Hausmanns und die zur Verfügung stehenden Geldmittel aus den Einkommen der Familienmitglieder sind Grundlagen für den Lebensstandard.

Die Lebenshaltungskosten privater Haushalte

Die Entwicklung der Lebenshaltungskosten
Nach Angaben des statistischen Bundesamtes sind die Konsumausgaben der privaten Haushalte in Deutschland zwischen 1991 und 2002 um 44 % gestiegen. Allgemein sind die Ausgaben in diesem Zeitraum stärker angewachsen als das verfügbare Einkommen. Dies hat zur Folge, dass die Sparquote der privaten Haushalte geringer wurde. Die Ausgaben für das Wohnen sind in den letzen 30 Jahren von 18 % auf 25 % gestiegen. Dagegen sind die Ausgaben für Nahrungsmittel und Getränke im gleichen Zeitraum von 26 % auf 16 % zurückgegangen.

Das Haushaltsbuch mit festen und veränderlichen Ausgaben
Familie Steffen verfügt über ein monatliches Einkommen von 2.000 €. Herr Steffen ist Handwerker im 12 km entfernten Nachbarort, Frau Steffen arbeitet halbtags im Büro im Ort und die beiden Kinder besuchen die Grund- und Hauptschule.

Monat Nov.	Ausgaben								Einnahmen	Kasse
	Miete €	Ernährung €	Kleidung €	Auto/ Verkehr €	Heizung/ Strom/ Kommunikation €	Rücklagen €	Sonstiges €	gesamt €	€	€
1. Wo.	500	100	30			400		1030	2000	970
2. Wo.		100	40	40	150		40	370		600
3. Wo.		100	50	90			30	270		330
4. Wo.		110	100	40			40	290		40

Einsparungsmöglichkeiten für Familie Steffen
Die Familie wirtschaftet gut. Sie hat am Monatsende noch 40 € in der Kasse zur Verfügung. Wenn wegen unvorhergesehener Ausgaben weitere Sparmaßnahmen erforderlich sind, kann Familie Steffen bei den Ausgabeposten „Kleidung" und „Sonstiges" noch sparsamer sein.

Lebenshaltungskosten sind statistisch ermittelte Ausgaben einer Durchschnittsfamilie.

Aufgaben

1 Nenne die Ausgaben, die in der Statistik zu den festen bzw. zu den veränderlichen Ausgaben zählen.

2 Erkläre den Begriff „Lebenshaltungskosten". Recherchiere dazu im Internet oder schlage im Glossar Seite 139 oder im Lexikon nach.

3 Erkundige dich bei deinen Eltern oder Großeltern über die Entwicklung der Lebenshaltungskosten früher – heute.

4 Stelle Gemeinsamkeiten und Unterschiede des Haushaltsbuches auf Seite 21 und Seite 23 heraus.

5 Führe mit deiner Familie ein Haushaltsbuch und überdenke Möglichkeiten der Einsparung.

Absicht und Wirkung der Werbung

Werbung als wesentlicher Bestandteil im Wirtschaftsleben ist jedem geläufig. Ihre Absicht ist bekannt, aber die Verführung gelingt immer wieder aufs Neue.

Verkaufsstrategie AIDA
A = attention (Aufmerksamkeit erregen)
I = interest (Interesse ansprechen)
D = desire (Wunsch nach Besitz wecken)
A = action (Kauf tätigen)

Attention – interest – desire – action
Mit Schrift, Ton, Bild, Geruch, Geschmack will die Werbung die so genannten Schlüsselreize, wie attraktives Aussehen, Schönheit, Image, Prestige, Erfolg und Macht, ansprechen. Die Konsumgüterwerbung verwendet bewusst Reize aus dem Gefühlsbereich: Genuss ohne Reue, Erfolg beim anderen Geschlecht, Glück in der Familie und Freiheits- und Naturerlebnis.

Die Strategie der Werbung zielt auf die Sicherung und die Erweiterung (Expansion) der Marktanteile oder die Neueinführung eines Produkts hin.

Jede Werbung für ein Produkt weist zwei Elemente auf:

1. *Informative Werbung*
   Genaue Qualitätsangabe, genaue Beschreibung und Preisangaben informieren realistisch. Die informative Werbung kann sprachlich oder bildlich sein, führt zu genauen Vorstellungen und bietet Möglichkeiten zum objektiven Vergleich.

2. *Suggestive Werbung*
   Sie kann ebenfalls sprachlich oder bildlich sein. Die Sprache ist übertrieben, Details werden umschrieben und Ablenkung erfolgt durch Wunschbilder.
   Die suggestive Werbung will eine psychologisch motivierte Kaufentscheidung herbeiführen.

Werbestrategien reflektieren und vergleichen

Werbung, die mehrere Sinne zugleich anspricht, hat den höchsten Wirkungsgrad. Die permanente Wiederholung bewirkt, dass die Informationen im Gedächtnis haften. Originelle und ausgefallene Werbespots prägen sich unbewusst ein. Informative Werbung ist nützlich, aber sie wird zur Gefahr, wenn ihr Einfluss zu groß wird und die Wünsche, die sie weckt, nicht erfüllbar sind. Es geht nicht darum, Werbung zu verdammen, sondern kritisch mit ihr umzugehen.

Die Werbung spricht insbesondere auch die Zielgruppe der Jugendlichen an. Werbeexperten verpflichten Stars oder auch Sportler, da Jugendliche diesen Vorbildern nacheifern. Davon erhoffen sich die Werbeexperten einen gewissen Einfluss und einen entsprechenden Werbeerfolg.

Werbestrategien praktisch umsetzen

Unser neues Produkt „School-Power" bereitet wegen seiner guten Haltbarkeit keine Absatzprobleme. Bei der Einführung eines neuen Produktes in der Schule gehen wir wie Verkaufsprofis vor.

Attention/Interest
- Ankündigung eines neuen Produktes (Plakat, Lautsprecher)
- Bereitstellen von kleinen Kostproben
- Nachfrage ermitteln, Listen im Schulhaus und in Klassen verteilen
- Bestellung aufnehmen

Desire/Action
- Ankündigung des Angebots durch Plakat und Handzettel
- Kundenwünsche berücksichtigen (z. B. zum Sofortverzehr oder als Geschenk nett verpackt mit Rezept)
- Verkaufsfördernde Preisgestaltung (1 School-Power 0,20 €, 3 Stück 0,50 €, als Geschenk mit 5 Stück und Rezept 1,50 €)

 Für ein neues Produkt muss geworben werden.

Aufgaben

1 Teste die Wirkung der Werbung an dir selbst und berichte.
  – Höre eine Werbesendung.
  – Betrachte ein Plakat.
  – Verfolge Werbung im Fernsehen (hören und sehen).

2 Gestalte einen informativen und suggestiven Werbetext für unser neues Produkt „School-Power". Gestalte ein Plakat und sprich auf Kassette.

3 Bewerte Werbe- und Verkaufserfolg.

1 Planen und Beschaffen

Fit im wirtschaftlichen Handeln

Jetzt ist Hochsaison für Kräuter, Zwiebeln, Kürbisse und Zucchini.

Kürbissuppe: nach Art der Puebloindianer

Zutaten	Arbeitsschritte
200 g Kürbis 1 kleine Zucchini 1 große Zwiebel	waschen, schälen, entkernen, würfeln waschen und würfeln gründlich waschen, häuten, würfeln
2 Essl. Butter oder Pflanzenöl $1/2$ Teel. brauner Zucker 1 Prise Muskat etwa $1/2$ l Gemüsebrühe	erhitzen, erst Zwiebel, dann Gemüse andünsten zugeben hinzufügen aufgießen, 15 Min. leicht kochen
$1/2$ Becher Sahne 1 Essl. Weizenvollkornmehl	verrühren, in die heiße Brühe einrühren
2 Tomaten $1/2$ Bund Kräuter	waschen, würfeln und zugeben waschen, fein schneiden und Suppe damit anrichten

Tipp: Die Suppe wird zum Eintopf durch Zugabe von Kartoffeln, Mais, Fleisch oder Croûtons.

Marinierte Zucchini: ein Vorrat aus dem Schulgarten

Zutaten	Arbeitsschritte
3 Zucchini $1 1/2$ l Salzwasser	waschen, in Scheiben schneiden, in 5–8 Min. garen, abtropfen und in flacher Schale erkalten lassen
1 Zwiebel 1 Teel. Olivenöl	fein würfeln, in andünsten, über Zucchini verteilen
Marinade 4 Essl. Zitronensaft $1/10$ l Olivenöl 2 Knoblauchzehen frische Kräuter (z. B. Dill, Estragon) einige Pfefferkörner, Salz	herstellen, über Zucchini geben und 30 Min. ziehen lassen
	Vorsichtig in kleine, einwandfreie Twist-off-Gläser randvoll einschichten, mit Kräuteressig aufgießen und verschließen.

Aufgaben

Gruppe 1 Überprüft und bewertet den Einkauf nach den Aspekten wirtschaftlich und umweltbewusst.

Gruppe 2 Schreibt einen Organisationsplan auf Folie.

Gruppe 3 Ergänzt das Haushaltsbuch und errechnet den Kassenstand.

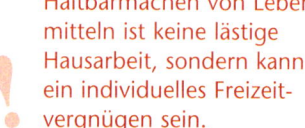

! Haltbarmachen von Lebensmitteln ist keine lästige Hausarbeit, sondern kann ein individuelles Freizeitvergnügen sein.

Vielfalt der Haltbarmachungsverfahren

Zur Haltbarmachung werden physikalische Verfahren, wie z. B. Kühlen, Gefrieren (Kälte), Einkochen (Hitze) und Trocknen (Wasserentzug), und chemische Verfahren, wie z. B. milchsaures Vergären, das Zuckern, das Salzen, das Räuchern, ebenso wie das Einlegen in Säure oder konservierende Lösungen, eingesetzt. Beim Konservieren werden den Mikroorganismen die Lebensbedingungen (Wasser, Wärme, Luft und Nahrung) entzogen und Schimmel, Fäulnis und Gärung verhindert.

> **!** Konservieren entzieht den Mikroorganismen die Lebensbedingungen.

Obst/Gemüse

Prinzip der Haltbarmachung (Konservieren)	Erdbeeren	Rhabarber	Zwetschgen	Birnen	Paprikaschoten	Kürbis, roh	Kürbis, verarbeitet	Zucchini, roh	Zucchini, verarbeitet	Tomaten verarbeitet	Knoblauch	Kräuter	Zwiebel	Weißkraut
Tiefgefrieren (Wärmeentzug)	X	X	X			X		X	X			X		
Trocknen (Wasserentzug)			X	X							X	X		
Einkochen (Wirkung von Zucker, Säure und Hitze)	X	X	X	X										
Einlegen „süß-sauer" (Wirkung von Säureessig, z. B. Hitze, Zucker, Öl)					X	X	X	X		X		X		X
Säuerung (Wirkung durch Salz und Milchsäurebakterien)														X

Kürbis und Zucchini, im Schulgarten angebaut, wachsen von ganz alleine

> **!** Regionale und saisonale Produkte sind wirtschaftlich und umweltbewusst.

Haltbarmachung – heute wieder aktuell

Die Menschen standen schon immer vor dem Problem, eine reiche Obst- und Gemüseernte für längere Zeit haltbar zu machen. Seit Urzeiten werden Lebensmittel durch Salzen, Räuchern, Trocknen und Säuern konserviert. Ende des 19. Jahrhunderts kamen die ersten Einwecktöpfe in Gebrauch. Nach dem Zweiten Weltkrieg hielten Kühl- und Gefriergeräte Einzug in die Haushalte. Die Lebensmittelindustrie bietet uns ganzjährig eine breite Palette industriell konservierter Waren an. Dennoch spricht vieles für häusliche Haltbarmachung, die frei von Zusatzstoffen oder Bestrahlung ist.

Kräuter luftig trocknen

Aufgaben

1. Informiere dich über die Vielfalt der Haltbarmachungsverfahren und ihren Einsatzbereich. Bringe dein Wissen aus PCB mit ein.
2. Lies den Saisonkalender auf Seite 138 und notiere, wann die einzelnen Obst- und Gemüsesorten besonders wirtschaftlich für eine Bevorratung sind.
3. Nenne Vor- und Nachteile der häuslichen Haltbarmachung.

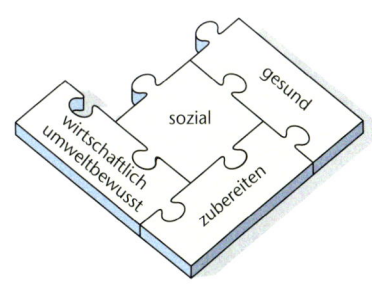

Einen Gruppenvertrag entwickeln, schließen und einhalten

Für ein besseres Arbeiten in der Schulküche sind Absprachen und Regeln nötig. Ein Gruppenvertrag schafft Einigkeit und nimmt alle Beteiligten in die Pflicht. Die Konsequenzen bei Vertragsbruch stehen im Vertrag als Kleingedrucktes.

BayEUG Art. 56 – Rechte und Pflichten der Schüler

„Alle Schüler haben sich so zu verhalten, dass die Aufgabe der Schule erfüllt und das Bildungsziel erreicht werden kann." Die Schüler haben alles zu unterlassen, was den Schulbetrieb oder die Ordnung der Schule stören könnte.

Gruppenvertrag

Die Kojenmitglieder im Fach HsB verpflichten sich

- die Aufgaben in Absprache zu verteilen,
- übernommene Aufgaben eigenverantwortlich und pflichtbewusst auszuführen,
- die Arbeitsgeräte sachgerecht und sicher einzusetzen,
- innerhalb der Koje im Team zu arbeiten,
- vor- und nachbereitende Arbeiten selbstständig auszuführen.

Konsequenzen: Verwarnung; Nacharbeit; Kojenwechsel; Gespräch mit Lehrer, Vertrauenslehrer, Schulforum, Eltern

_____
Unterschriften der Gruppenmitglieder

Verträge geben Sicherheit
Verträge können mündlich und schriftlich abgeschlossen werden. Durch den Abschluss eines Vertrages sind die Vertragspartner an ihre Willenserklärung gebunden. Im Berufs-, Geschäfts- und Privatleben sind Verträge nach dem Bürgerlichen Gesetzbuch (BGB) geregelt. Bei Vertragsverstoß können rechtliche Schritte eingeleitet werden.

- Wodurch habe ich höfliches Miteinander praktiziert?
- Was habe ich beachtet, damit ich selbstständig und ordentlich meine Aufgabe ausführen konnte?
- Was sollte ich in Zukunft noch mehr beachten?
- Welches Ziel setze ich mir selbst für die nächste Stunde?
- Wo und wann habe ich heute durch meinen Einsatz und mein Verhalten zum Gelingen unserer Arbeit beigetragen?
- Wann war ich ein zuverlässiger Mitlerner und Mitarbeiter?
- Jedes Mitglied einer Gruppe ist wichtig.

2 Gesund leben und essen

2 Gesund leben und essen

Ausgewogene Ernährung hält gesund

„Ich rate dir, mehr darauf bedacht zu sein, dir deine Gesundheit zu erhalten, als darauf, die Beschädigte nachträglich heilen zu wollen."
(Leonardo da Vinci)

In der 7. Klasse hast du bereits dein eigenes Ernährungsverhalten untersucht. In diesem Kapitel erfährst du jetzt mehr über den Zusammenhang zwischen Ernährung und Gesundheit. Besonderer Wert wird dabei auf die Vermeidung gesundheitlicher Gefährdung durch Lebensmittel gelegt.

Ernährung und Gesundheit im Zusammenhang

Grundsätze einer ausgewogenen Ernährung lassen sich vielfältig umsetzen und Ernährung ist mehr als nur Essen. Das Ernährungsverhalten wird von vielen Faktoren beeinflusst.

Leonardo da Vinci, 1452–1519

Die Ernährungsempfehlungen der Deutschen Gesellschaft für Ernährung (DGE)

1. Genieße die Lebensmittelvielfalt.
2. Beziehe in jede Mahlzeit Getreideprodukte oder Kartoffeln ein.
3. Iss Gemüse, Salat und Obst möglichst frisch. Beachte kurze Garzeiten.
4. Verwende täglich Milch und Milchprodukte, ein- bis zweimal in der Woche Fisch; Fleisch, Wurstwaren und Eier in Maßen.
5. Bevorzuge pflanzliche Fette, besonders Öle und fettarme Lebensmittel.
6. Verwende wenig Salz und Zucker, dafür viele frische Kräuter.
7. Trinke reichlich Flüssigkeit, vorwiegend energiearme Getränke.
8. Bereite Speisen schmackhaft und schonend zu.
9. Nimm dir Zeit und genieße das Essen.
10. Achte auf dein Gewicht und bewege dich regelmäßig.

Ausgewogene Ernährung hält gesund

Kohlrouladen/Krautrouladen-Variationen

Zutaten	Arbeitsschritte
Reichlich Salzwasser	Krautkopf putzen, welke Blätter entfernen, Krautkopf ca. fünf Minuten in kochendes Wasser legen
4–8 Kohlbätter (Rot-, Weißkraut und/oder Wirsing)	abnehmen
1. Hackfleischfülle 150 g Hackfleisch 1/2 Zwiebel, 1 Ei Salz, Pfeffer, Paprika Kräuter 1–2 Essl. Semmelbrösel	Fleischteig herstellen
2. Vegetarische Fülle 1 kleine Zwiebel 1 Teel. Öl 100 g Grünkern- oder Dinkelschrot 200 ml Brühe 1 kleiner Apfel 1 Essl. Quark Salz, Pfeffer, Majoran	fein würfeln, in andünsten zugeben, 15–20 Min. bei geringer Hitze quellen lassen schälen, reiben zugeben würzen, alles zur Fülle vermengen
	Krautblätter füllen, aufrollen, zusammenstecken/-binden
1–2 Essl. Öl 1/4 l Brühe 1 Essl. Tomatenmark	Auflaufform fetten, Kohlrouladen einlegen vermischen, aufgießen, in vorgeheizter Backröhre (200 °C) 30 Min. schmoren lassen
1 Essl. Sahne	zum Abschmecken der Soße

Tipp: Die Verwendung von Rot-, Weißkohl und Wirsing in einer Auflaufform ist ein Genuss fürs Auge.

Ein Rezept – saisonal und regional

Auf langen Seereisen war Sauerkraut der einzige Vitamin-C-Spender für die Mannschaft; es verhinderte das Auftreten der Vitaminmangelerkrankung Skorbut.

Kohl richtig lagern
Rot-, Weiß- und Wirsingkohl können an den Strünken aufgehängt (nur die äußeren schlechten Blätter entfernen) oder in Horden, Regalen oder Kisten gelagert werden (äußere Blätter entfernen und Strünke etwas einkürzen).

Weinblätter mit Reisfüllung (Dolmades) sind eine mediterrane Spezialität.

Ballaststoffgehalt von Kohl/Kraut pro 100 g

Blumenkohl	2,9	Broccoli	3,0	Chinakohl	1,7
Grünkohl	4,8	Kohlrabi	1,5	Rosenkohl	4,4
Rotkohl	2,5	Sauerkraut	2,2	Weißkohl	3,0

Aufgaben

1 Suche ein weiteres regionales/saisonales Gericht im Schulbuch.

2 Bewerte Kraut/Kohl nach Genuss- und Gesundheitswert.

3 Begründe den Zusammenhang zwischen Ernährungsverhalten und Gesunderhaltung mit deinem Wissen aus dem Bereich Biologie.

(m) 4 Lies das Zitat von Leonardo da Vinci und erkläre es.

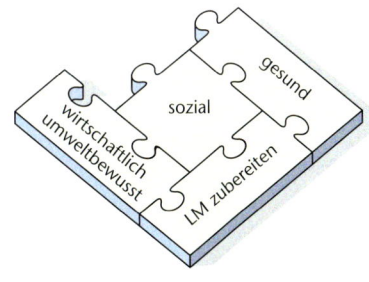

Lebensmittel liefern Nährstoffe

Lebensmittel sind Mittel zum Leben, denn sie enthalten wichtige Nährstoffe.

Nährstoffe in den Lebensmitteln

Kohlenhydrate (Zucker)
- Fett

- Fett (gesättigte und ungesättigte Fettsäuren)

- Eiweiß
- Fett
- Mineralstoffe

- Kohlenhydrate (Stärke)
- Vitamine
- Mineralstoffe
- Wasser
- Zellulose (Ballaststoffe)
- Sekundäre Pflanzenstoffe

- Wasser
- Mineralstoffe

Die Ernährungspyramide

Die Nährstoffe

Fett
Kohlenhydrate
(Zucker, Stärke)
Eiweiß

liefern Energie

Vitamine
Mineralstoffe
Wasser
sekundäre
Pflanzenstoffe
Kohlenhydrate
(Zellulose)

liefern keine Energie

Auf die richtige Menge kommt es an
Täglich soll aus allen Lebensmittelgruppen ausgewählt werden. Die breite Basis der Ernährungspyramide zeigt, welche Lebensmittel reichlich verzehrt werden sollen. Die dünne Spitze zeigt, welche Lebensmittel nur begrenzt aufgenommen werden sollen.

Bedeutung der Nährstoffe im menschlichen Körper
Fett und Kohlenhydrate sind vorwiegend Energielieferanten, sie erzeugen im Körper Wärme und geben Kraft. Eiweiß und Wasser benötigt der Körper zum Aufbau und zur Erhaltung der Körpersubstanz (Zellen). Vitamine und Mineralstoffe regeln wichtige Körperfunktionen und schützen vor Krankheit. Insbesondere die Mineralstoffe sind zum Aufbau und Erhalt der Körpersubstanz (Knochen, Knorpel) notwenig. Zellulose wirkt im Körper als Ballaststoff, sättigt, regt die Darmtätigkeit an und schützt vor Darmkrebs. Sekundäre Pflanzenstoffe (Geschmacks-, Duft- und Farbstoffe) regen den Appetit an, fördern den Stoffwechsel, die Verdauung und schützen vor Krebs sowie Herz- und Kreislauferkrankungen.

Ein Schnellgericht nach Ernährungsempfehlungen

Lukas und Linda wollen, bevor sie zum wöchentlichen Training in den Sportverein gehen, noch etwas essen, das schnell geht und trotzdem gesund ist. Sie überlegen, was sie zubereiten könnten.

Lukas: Wir nehmen aus jeder Lebensmittelgruppe etwas und stellen einen individuellen Toast zusammen.

Linda: Im Kühlschrank sind auch noch Salat und Kräuter.

Mozzarella-Toast mit Salat der Saison

Zutaten	Arbeitsschritte
8 Scheiben Toast, z. B. Vollkorntoast wenig Butter	bestreichen
ca. 250 g Mozzarella	in Scheiben schneiden
2–4 Scheiben Schinken oder 4 Scheiben fettarme Wurst	auf Größe der Mozzarellascheiben zuschneiden Brot belegen, zweite Brotscheibe auflegen, Ränder mit Gabel zusammendrücken
2–3 Eier 3 Essl. Milch Salz, Pfeffer 1 Essl. gehackte Kräuter	zur Eiermilch verquirlen, gefüllte Toastscheiben darin wenden und kurz durchziehen lassen
2–3 Essl. Olivenöl	in der Pfanne erhitzen, die vorbereiteten Brotscheiben von beiden Seiten goldbraun ausbacken

Tipp: Blattsalate der Saison mit Tomaten, Paprikaschote, Radieschen, Gurke; reichlich Kräuter dazu reichen.

Mozzarella-Toast mit Salat eignet sich als Mittagessen und leichtes Abendessen

Bevorzuge pflanzliche Fette wegen der lebensnotwendigen ungesättigten Fettsäuren.

Aufgaben

1. Erläutere die Abschnitte der Ernährungspyramide und die Ernährungsempfehlungen.
2. Ordne die Überbegriffe Energie, Bau-, Schutz- und Reglerstoffe den Nährstoffen zu.
3. Nenne die Aufgaben der Nährstoffe im Körper.
4. Zähle die Nährstoffe auf und ordne sie in solche, die Energie liefern und solche, die keine Energie liefern. Schlage die Energiewerte im Glossar nach.
5. Stelle ein Schnellgericht zusammen, das den Ernährungsempfehlungen entspricht und begründe.
6. Informiere dich im Internet (www.aid.de) näher über die Ernährungspyramide.
7. Erkläre anhand des Glossars (Seite 139) den Begriff Nährstoffdichte.

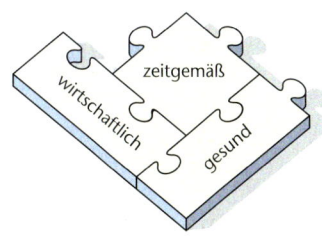

2 Gesund leben und essen

Mediterrane Ernährung

Die mediterrane Küche ist ein Zusammenspiel von Ernährungsweise, Lebensart und Klima. Trotz der klimatischen Unterschiede lässt sich die mediterrane Ernährung aber auch bei uns umsetzen.

Mailänder Fischauflauf

Zutaten	Arbeitsschritte
800 g Fischfilet, z. B. Kabeljau, Goldbarsch	säubern
1 Teel. Zitronensaft	Fisch ca. 10 Min. säuern
1 Prise Knoblauchsalz 1 Prise Pfeffer	Fisch würzen und in ca. 2 cm breite Streifen schneiden
250 g frische Champignons	halbieren
3 Zwiebeln	Ringe schneiden
300 g Zucchini	Scheiben schneiden
1 Essl. Butter	schmelzen, Gemüse 10 Min. andünsten
1 Teel. Kräuter der Provence	zugeben Gemüse und Fisch in Auflaufform schichten
1 kleine Dose geschälte Tomaten	zufügen
100 g geriebener Emmentaler	aufstreuen bei 200 °C ca. 30 Min. garen, Deckel 10 Min. vor Ende der Garzeit abnehmen

Jedes Grundrezept
- ist auf vier Personen abgestimmt,
- hat bestimmte Grundmengen und Grundzutaten,
- wird nach Grundregeln zubereitet.

Springend gekochter Reis (Grundrezept)

Zutaten	Arbeitsschritte
250 g Reis 2–3 l Wasser 1 Essl. Salz	Salzwasser in hohem Topf zum Kochen bringen. Gewaschenen Reis einstreuen und kochen lassen (15–20 Min). In ein Sieb schütten und abtropfen lassen.

Gedünsteter Reis (Grundrezept)

Zutaten	Arbeitsschritte
1 Essl. Öl ½ Zwiebel 250 g Reis (2 Tassen) ½ l Wasser (4 Tassen) oder Brühe Salz	Fett erhitzen, gewürfelte Zwiebeln und gewaschenen Reis andünsten, bis er glasig ist, heiß aufgießen und würzen. Offen zum Kochen bringen, bei geringer Hitze zugedeckt lassen, bis alle Flüssigkeit aufgesogen ist. Mit der Gabel auflockern und sofort servieren (Garzeit ca. 20 Min.).

1. Langkornreis geschält
2. Langkornreis ungeschält (brauner Naturreis)
3. Rundkornreis geschält

Mediterrane Ernährung

Grundsätze der mediterranen Ernährung

Die Ernährung im Mittelmeerraum ist vielseitig und vor allem reich an pflanzlichen Lebensmitteln. Die Zusammenstellung der Speisen ist schmackhaft, leicht und bekömmlich. Frisches Gemüse und Obst – roh oder gering verarbeitet – und stärkehaltige Lebensmittel wie Brot, Nudeln, Kartoffeln gibt es reichlich zu den Mahlzeiten. Diese Lebensmittel sind reich an Ballaststoffen und sekundären Pflanzenstoffen. Milchprodukte wie Käse und Jogurt stehen täglich, Fisch einige Male pro Woche auf dem Speiseplan, Fleisch wird dagegen seltener verzehrt. Sie liefern wertvolles Eiweiß, viele Vitamine und Mineralstoffe. Das Olivenöl ersetzt fast alle anderen Fette und liefert die (lebensnotwendigen) einfach ungesättigten Fettsäuren.

Mediterrane Küche
- viel Gemüse und Obst
- reichlich stärkehaltige Lebensmittel
- regelmäßig Milchprodukte
- mehr Fisch als Fleisch
- fast nur Olivenöl als Fett
- reichlich Getränke

Aufgaben

1. Bewerte das Fischgericht auf der linken Seite nach den Grundsätzen der mediterranen Ernährung.
2. Lies die Grundsätze der mediterranen Ernährung und der Deutschen Gesellschaft für Ernährung (DGE).
   Untersuche beide Ernährungsempfehlungen nach Gemeinsamkeiten und Unterschieden.
3. Lies im Glossar den Begriff Grundrezept nach und erkläre ihn.
4. Gestalte ein Plakat zur Mediterranen Ernährung und beziehe die Landesflaggen mit ein.
5. Suche in Büchern und/oder im Internet aus jedem Land des Mittelmeerraums Spezialitäten der mediterranen Küche. Stelle Gemeinsamkeiten und Unterschiede tabellarisch am PC dar.

Mediterrane Küche bei uns:
- Produkte aus der Region, nach Saison
- Rapsöl als gesunde Alternative

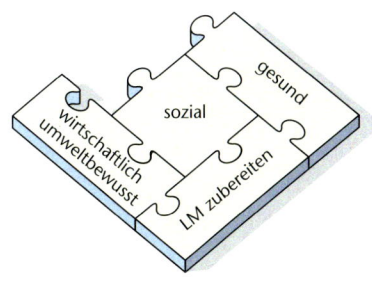

2 Gesund leben und essen

Obst und Gemüse – zu jeder Mahlzeit

Die Initiative „Fünf am Tag"

Die Botschaft hinter „Fünf am Tag" ist ganz einfach: Fünf Portionen Obst und Gemüse am Tag können dazu beitragen, das Risiko für Krebs und andere Krankheiten deutlich zu reduzieren.

Selten haben sich Ernährungswissenschaftler und Mediziner so konsequent hinter eine Ernährungsempfehlung gestellt wie bei der Initiative „Fünf am Tag". Ob Deutsche Gesellschaft für Ernährung e. V., Bundesministerium für Verbraucherschutz, Ernährung und Landwirtschaft, Deutsche Krebsgesellschaft e. V., Österreichische Krebshilfe e. V., Barmer Ersatzkasse, Ministerium für Wirtschaft, Verkehr, Landwirtschaft und Weinbau Rheinland-Pfalz oder Auswertungs- und Informationsdienst für Ernährung, Landwirtschaft und Forsten e. V. (aid) – alle tragen gemeinsam die „Fünf-am-Tag"-Kampagne, die Lust auf eine gesunde Ernährung mit viel Obst und Gemüse machen will. Neben diesen Gesundheitspartnern stellen wichtige Wirtschaftspartner aus den Bereichen Erzeugung, Verarbeitung und Handel eine weitere Säule der Initiative dar.

! Das öffentliche Interesse an gesunder Ernährung und Lebensweise dient dem Einzelnen und der Gemeinschaft.

Obst- und Gemüseverzehr (pro Jahr) im Vergleich:
Südeuropäer 200 kg
Deutscher 100 kg

Ratatouille

Zutaten:	Arbeitsschritte:
2 Zwiebeln	schälen, in feine Ringe schneiden
1 kl. Aubergine 1 Zucchini	waschen, Stielansätze entfernen, in ca. $1/2$ cm dicke Scheiben schneiden
1 Knoblauchzehe	schälen und sehr fein hacken
1 gelbe Paprikaschote	waschen, halbieren, Kerngehäuse entfernen, in Stücke schneiden
3 Tomaten	waschen, Stielansätze entfernen und in Achtel schneiden
3–4 Essl. Öl	in einem breiten Topf erhitzen, bei mittlerer Hitze Zwiebeln und Gemüse in der angegebenen Reihenfolge andünsten
$1/8$ l Wasser	ablöschen
je $1/2$ Teel. Oregano, Basilikum und Thymian Salz, Pfeffer	würzen
	Ratatouille etwa 20 Min. mit geschlossenem Deckel bei geringer Hitze dünsten
1 Knoblauchzehe	schälen und kurz vor Ende der Garzeit ins Gemüse pressen

Wie entstand die Initiative „Fünf am Tag"?

Beim Blick auf die bundesdeutschen Teller stellten Ernährungswissenschaftler mit Schrecken fest, dass Obst und Gemüse viel zu

Obst und Gemüse – zu jeder Mahlzeit

kurz kommen. Mindestens die doppelte Menge wird empfohlen. Täglich sollten rund 600 g Obst und Gemüse verzehrt werden. Mehr ist besser und schadet der Figur nicht. Das ist mit fünf Portionen zu erreichen. Davon sollten drei Portionen aus Gemüse und zwei Portionen aus Obst bestehen.

Obst und Gemüse halten gesund

Gemüse und Obst liefern reichlich Vitamine, Mineralstoffe, sekundäre Pflanzenstoffe und Ballaststoffe. Vitamine und Mineralstoffe verhelfen den Nährstoffen Eiweiß, Fett und Kohlenhydraten zur richtigen Wirkung, regeln den Stoffwechsel und schützen vor Krankheiten. Vielfach werden sie daher als Wirk-, Schutz- und Reglerstoffe bezeichnet.

Sekundäre Pflanzenstoffe produziert die Pflanze für sich selbst. Mit ihren Geruchs-, Geschmacks- und Farbstoffen schützt sie sich vor Schädlingen, UV-Strahlen und Krankheiten. Wissenschaftlich ist inzwischen erwiesen, dass die sekundären Pflanzenstoffe aus Gemüse, Obst, Kartoffeln und Getreide eine positive Wirkung auf den menschlichen Körper haben. Sie schützen vor Bakterien, Viren und Pilzen sowie Entzündungen, stärken das Immunsystem, verhindern Zellschäden, unterstützen die Verdauung, senken den Cholesterinspiegel und verringern das Risiko an Diabetes, Krebs oder Herz-Kreislauf-Leiden zu erkranken.

Sekundäre Pflanzenstoffe schützen Pflanzen und Menschen.

Tipps zur Umsetzung von „Fünf am Tag"

Abwiegen ist nicht nötig, die Portionen lassen sich für Groß und Klein mit der Hand abmessen. Es gilt die Regel: große Hände – große Portionen, kleine Hände – kleine Portionen. Bei rohem unzerkleinertem Gemüse und bei Obst entspricht eine Portion eine Hand voll (z. B. Apfel, Birne, Kohlrabi), bei Beerenobst (z. B. Erdbeeren, Himbeeren, Johannisbeeren) und bei zerkleinertem Gemüse (z. B. Brokkoli, Blumenkohl, Salat) entspricht eine Portion zwei Händen voll. Frisches Obst und Gemüse sind besonders empfehlenswert, aber auch tiefgefrorenes, getrocknetes Obst und Gemüse oder aus der Konserve sind geeignet. Ein Trinkglas mit 200 ml Obst- oder Gemüsesaft kann eine Portion Obst und Gemüse ersetzen.

Bevorzuge frisches Obst und Gemüse.

Aufgaben

1 Erkläre das öffentliche Interesse an der Kampagne „Fünf am Tag".
2 Schlage im Glossar den Begriff sekundär nach und berichte.
3 Nenne die Bedeutung der sekundären Pflanzenstoffe.
4 Erstelle einen Tageskostplan mit fünf Mahlzeiten und berücksichtige dabei „Fünf am Tag". Schlage auf Seite 45 nach.
ⓜ 5 Informiere dich im Internet näher über „Fünf am Tag".
ⓜ 6 Vertiefe dein Wissen zu „Fünf am Tag" auf Seite 44/45.

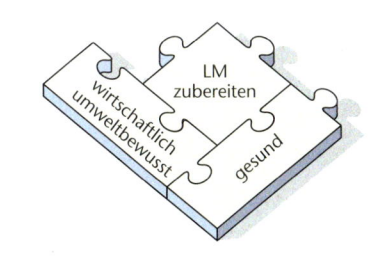

2 Gesund leben und essen

Spätzle – weiß, braun, rot und grün, mit Salat der Saison

Zutaten
275 g Vollkornmehl oder
   Auszugsmehl
etwas Jodsalz
$1/4 - 3/8$ l Wasser
   (für rote Spätzle Tomatensaft,
   für grüne Spinatsaft)
3 Eier
$1\ 1/2$ l Salzwasser

Für Käsespätzle:
50–100 g Emmentaler
2 Zwiebeln
1–2 Essl. Öl

Beilage:
Salat der Saison mit Dressing nach Wahl

Zubereitung der Spätzle:
Blickpunkt Haushalt 7, S. 106

Lebensmittel und Speisen beurteilen

Im HsB-Unterricht bereiten zwei Kojen Spätzle aus Vollkornmehl und zwei Kojen Spätzle aus Auszugsmehl zu. Neben den bekannten Bewertungspunkten Geschmack, Farbe, Geruch und Beschaffenheit werden noch weitere Aspekte beleuchtet.

Gesundheitswert
Bei der Verwendung von Vollkornmehl ist der Gesundheitswert sehr hoch. Die Eiweißkombination von Mehl und Ei/Käse ist für den Körper wertvoll. Vitamine und Mineralstoffe liefert uns der Salat. Wegen des kräftigen Geschmacks der Vollkornspätzle kann die Salzmenge verringert werden.

Genusswert
Spätzle aus Vollkornmehl haben eine dunklere Farbe und einen intensiveren Geschmack. Der Genusswert erhöht sich durch appetitliches Anrichten, z. B. als Spätzlesockel mit Käse, Zwiebelringen und Kräutern.

Ökologischer Wert (umweltbewusst)
Eier aus artgerechter Hühnerhaltung und Käse aus der Region liefern uns Eiweiß von lebendigen Tieren. Zwiebeln und Salat aus einheimisch kontrolliertem Anbau benötigen nur kurze Transportwege, belasten weniger die Umwelt und unterstützen die Landwirtschaft der Region.

Ökonomischer Wert (wirtschaftlich)
Die Zutaten für das preiswerte Gericht „Käsespätzle" sind aus Trocken- und Frischvorrat. Übrig gebliebene Spätzle eignen sich gut zum Abrösten in der Pfanne, lassen sich portionsweise rasch in der Mikrowelle erwärmen oder auch kurzfristig tiefgefrieren. Der Zeitaufwand für die Herstellung der Spätzle als Hauptgericht ist im Vergleich zu anderen Menüs gering, die Arbeitsweise einfach.

Getreideverschwendung durch Fleischproduktion

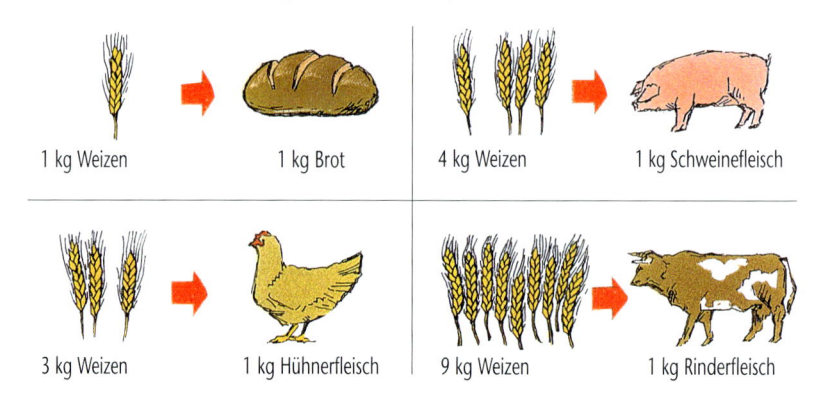

1 kg Weizen → 1 kg Brot	4 kg Weizen → 1 kg Schweinefleisch
3 kg Weizen → 1 kg Hühnerfleisch	9 kg Weizen → 1 kg Rinderfleisch

Beispiel: 3 kg Weizen müssen verfüttert werden, um 1 kg Hühnerfleisch zu erhalten

Lebensmittel und Speisen beurteilen

Qualitätsmerkmale von Lebensmitteln

Unter der Qualität von Lebensmitteln und Speisen ist die Summe ihrer sämtlichen Eigenschaften zu verstehen. Bei der Bewertung spielen der Gesundheits- und der Genusswert, der ökologische (umweltbewusste) und der ökonomische (wirtschaftliche) Wert eine große Rolle.

Gesundheitswert
- Gehalt an Nähr- und Ballaststoffen
- Sättigungswert
- Verdaulichkeit
- Gehalt an Rückständen
- Verarbeitungsgrad
- Abwechslungsreiche Zusammenstellung

Genusswert
- Geschmack
- Farbe
- Geruch
- Beschaffenheit
- Form
- Anrichten

Lebensmittel

Ökologischer Wert
- Verarbeitungsgrad
- Verpackung
- Transport
- Artgerechte Tierhaltung
- Lebensmittel aus ökologischem Anbau
- Regional, saisonal
- Sozialverträglichkeit

Ökonomischer Wert
- Haltbarkeit
- Ergiebigkeit
- Zeitaufwand für die Zubereitung
- Möglichkeiten der Bevorratung

Gesundheitswert

Genusswert

Ökologischer Wert

Ökonomischer Wert

Aufgaben

1. Schlage die Begriffe Gesundheitswert, Genusswert, ökonomischer und ökologischer Wert im Glossar auf Seite 139–140 nach.

2. Notiere die Begriffe zur Beurteilung von Lebensmitteln und Speisen auf je einer Karteikarte und sprich dazu.

3. Erkläre die Übersicht „Getreideverschwendung durch Fleischproduktion". Leite daraus Regeln für eine gesundheitsbewusste und umweltbewusste Ernährung ab.

4. Suche aus dem Rezeptteil ein Gericht heraus, das möglichst viele Anforderungen zur Beurteilung von Lebensmitteln und Speisen erfüllt.

5. Begründe die Aussage „Maßhalten im Konsum schont die Ressourcen", beziehe dein Wissen aus Religion dazu mit ein.

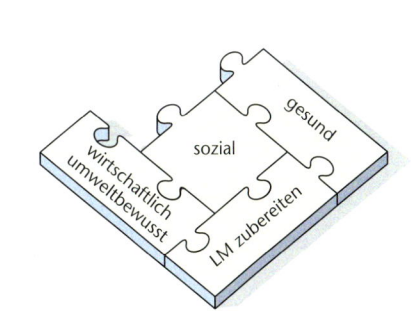

2 Gesund leben und essen

Gesundheitliche Gefährdung durch Schadstoffe in Lebensmitteln

Ursachen

Umweltverschmutzung	Landwirtschaft	Lebensmittelverarbeitung	Naturgifte	Lebensmittelverderb
• Blei • Cadmium • Quecksilber	• Pflanzenschutzmittel gegen Unkraut, Pilze, Insekten • Arzneimittel	• Nitrit in Pökelsalz	• Solanin • Blausäure • Oxalsäure • Pilzgifte	• Schimmel • Fäulnis • Salmonellen

Zwar schützt der Gesetzgeber den Verbraucher durch zahlreiche Vorschriften und Gesetze wie z. B. die Festsetzung von Höchstmengen für Rückstände von Pflanzenschutzmitteln. Aber jeder Einzelne hat die Möglichkeit, durch überlegte Auswahl und Zubereitung von Lebensmitteln die Schadstoffaufnahme zu verringern. Das setzt allerdings Wissen über die Ursachen der Schadstoffbelastung voraus. Viele Schadstoffe lassen sich durch sachgerechte Lagerung, Vor- und Zubereitung von Speisen und Lebensmitteln vermeiden.

! Wissen und Hygiene schützen vor Krankheiten.

Schadstoffbelastungen verringern
Vor Schadstoffen aus der Luft und aus dem Wasser können wir uns nur bedingt schützen. Selbst Bio-Produkte sind nicht frei von Schadstoffen aus der Umwelt.
Deshalb:
- Obst und Gemüse gründlich waschen.
- Obst und Gemüse, das an viel befahrenen Straßen angeboten wird, möglichst nicht kaufen.
- Lebensmittel aus geöffneten Konservendosen umfüllen, denn Zinn und Blei aus dem Dosenmaterial gehen sonst auf das Lebensmittel über.
- Bei Obst und Gemüse im eigenen Garten auf chemische Pflanzenschutzmittel verzichten.

Sachgerechte Verwendung von Pökelfleisch
Schinken, Kassler, Speck und viele Wurstsorten werden mit Pökelsalz behandelt. Das Nitrit z. B. in Salami bewirkt die appetitliche rötliche Farbe der Fleisch- und Wurstwaren und schützt vor Verderb durch Bakterien. Nitrit kann bei höheren Temperaturen krebserregend wirken.
- Gepökelte Fleischwaren nur selten verzehren.
- Auf Grillen und Braten von Gepökeltem verzichten.

Bio-Produkte sind teurer, weil der Arbeitsaufwand größer ist und die Erträge geringer sind.

Gesundheitliche Gefährdung durch Schadstoffe in Lebensmitteln

Rhabarber-Dessert mit Eis

Zutaten	Arbeitsschritte
500 g Rhabarber	Blätter entfernen, gründlich waschen, schälen und in Stücke schneiden
150 g Zucker 2 P. Vanillezucker 5 Essl. roter Saft, z. B. Erdbeersaft ½ Zitrone (Saft und Schale)	Sud bereiten, vorbereiteten Rhabarber einlegen und weich kochen
50 g Mandeln wenig Butter	goldgelb rösten
1 Becher Sahne 4 Kugeln Vanilleeis 4 Erdbeeren	schlagen Rhabarber mit Eis und Erdbeeren anrichten und sofort servieren

Naturgifte kennen und meiden

Pilzgifte sind unsichtbar und kommen z. B. im Knollenblätterpilz und im Fliegenpilz vor. Ihr Verzehr führt zu schweren Gesundheitsschäden oder sogar zum Tod.
- Nur bekannte Pilze sammeln und zubereiten.
- Pilze offen und luftig transportieren.
- Zuchtpilze bevorzugen.

Blausäure kommt in bitteren Mandeln, Kernen und Steinen von Obst vor. In größeren Mengen genossen erzeugt sie Atemnot und Angstzustände.
- Keine Fruchtkerne essen.
- Nur geringe Mengen an Bittermandeln verwenden.

Solanin bildet sich in unreifen oder gekeimten Kartoffeln und in grünen Tomaten. Es verursacht Kopfschmerzen und Erbrechen.
- Grünstellen und Stielansatz herausschneiden.

Oxalsäure kommt in Rhabarber, Stachelbeeren, Spinat und Mangold vor. Sie kann zu Nierenfunktionsstörungen und Wachstumsstörungen bei Kindern führen.
- Oxalsäurehaltige Obst- und Gemüsesorten selten essen.
- Rhabarber schälen.
- Auf geeignete Zusammenstellung der Speisen achten, z. B. Rhabarber mit Vanillepudding.

Naturgifte lassen sich vermeiden.

Aufgaben

1 Formuliere Regeln für die Vor- und Zubereitung von Lebensmitteln, um Schadstoffe zu verringern.

2 Nenne Vorteile einer Pizza mit Hackfleisch und Champignons im Vergleich zu einer Pizza mit Salami und Wildpilzen.

3 Recherchiere im Internet über Bio-Produkte und deren Umweltbelastung.

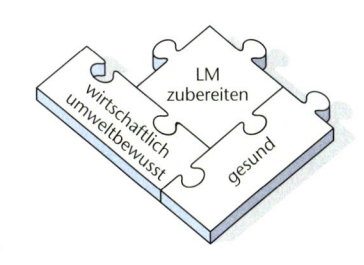

2 Gesund leben und essen

Gezüchtete Schimmelpilzkulturen im Käse (Edelpilze)

Gesundheitsgefährdender Schimmel durch Verderb

Konserve mit gewölbtem Deckel (rechts) – Bombage

! **Haltbarkeitsdatum beachten!**

Wie verhalte ich mich bei Schimmelbefall?	
– Brot – Jogurt, Quark, Milchprodukte – Nüsse, auch gemahlene Nüsse – Säfte und Kompott	wegwerfen (Gefahr durch Sporen)
– Zuckerreiche Konfitüren*	Schimmel großzügig abheben
– Obst und Gemüse	großflächig ausschneiden

* (mindestens 50 % Zuckergehalt)

Gesundheitliche Gefährdung durch verdorbene Lebensmittel

In dieser Woche sind Josef und Elvira Schlau mit dem Einkaufen an der Reihe. Die beiden wollen möglichst günstig einkaufen. Das Sonderangebot für Hackfleisch lassen sie sich nicht entgehen, das Toastbrot kaufen sie ausnahmsweise aus dem Korb mit den Waren, deren Haltbarkeitsdatum bald abläuft. In der Gemüseabteilung sehen sie günstige Paprikaschoten, verpackt sind sie billiger als offen.
Zu Hause legen sie alles in den Kühlschrank, damit ihre Mutter morgen gefüllte Paprikaschoten und überbackenen Toast zubereiten kann.
Mutter: „Ach, ihr habt Hackfleisch gebracht, das muss ich ja heute noch zubereiten! Gut, dass in der Verpackung fünf Paprikaschoten sind, denn eine kann ich nicht mehr verwenden, sie ist innen schon faulig. Das angeschimmelte Toastbrot bringen wir sofort zurück, das Mindesthaltbarkeitsdatum ist noch nicht abgelaufen."

Schimmel ist nicht gleich Schimmel

Gefahr für die Gesundheit besteht beim unkontrollierten Verschimmeln von Lebensmitteln. Wissenschaftliche Untersuchungen haben ergeben, dass einige Schimmelpilze krebserregend wirken. Besonders bei Feuchtigkeit und Wärme vermehren sich Schimmelpilze z. B. auf Brot, Obst, Obstsäften, Wurst, Milchprodukten und Marmeladen sehr rasch. Dabei entstehen Gifte (Aflatoxine), die unterhalb des sichtbaren Schimmels in das Lebensmittel einziehen. Schimmelbildung wird vermieden, wenn:
- Lebensmittel beim Einkauf sorgfältig geprüft werden,
- im Sommer nur kleine Mengen leicht verderblicher Lebensmittel eingekauft werden,
- Lebensmittel kühl und dunkel gelagert werden.

Fäulnis ist gefährlich

Vor allem bei eiweißreichen Nahrungsmitteln wie Fleisch, Fisch, Milchprodukten oder Bohnen bilden sich durch zu warme und zu lange Lagerung Giftstoffe (Botulinusgift). Verfaulte Lebensmittel riechen übel. Diese Gase verursachen bei verdorbenen Konserven eine Deckelwölbung (Bombage). Verfaulte oder angefaulte Lebensmittel dürfen nicht verzehrt werden. Botulinusvergiftungen äußern sich in Übelkeit, Kopfschmerzen, Doppeltsehen, Schluck- und Sprachstörungen und können sogar tödlich sein. Angefaulte wasserreiche Früchte wegwerfen, die übrigen großzügig ausschneiden. So wird Fäulnis verhindert:
- Lebensmittel kurz, kühl und dunkel lagern.
- Empfindliche Lebensmittel wie Hackfleisch oder Fisch erst am Tag der Verwendung einkaufen oder frisch einfrieren.
- Bei verpackten Lebensmitteln Haltbarkeitsdatum beachten.

Gesundheitliche Gefährdung durch verdorbene Lebensmittel

Salmonellen – gefährliche Mikroorganismen

Hähnchen, Tiefkühlgeflügel, Hackfleisch, Eier, Eiprodukte, Majonäse, Majonäseprodukte und Softeis können von gesundheitsgefährdenden Mikroorganismen, den Salmonellen, befallen werden, die sich bei Raumtemperatur sehr rasch vermehren.

Durch Tiefgefrieren werden Salmonellen nicht abgetötet, erst durch Erhitzen auf 70–80 °C werden sie vernichtet. Auch die Mikrowelle eignet sich nicht dafür, Salmonellen und andere Krankheitserreger unschädlich zu machen, da die Mikrowellenbestrahlung zu kurz ist und die Temperaturen zu niedrig bleiben.

Werden salmonellenverseuchte Speisen gegessen, führt dies zu Übelkeit, Brechreiz, starkem Durchfall und Fieber.

Salmonellenvergiftungen werden verhindert, wenn:
- auf den Genuss von rohen Eiern, rohem Schabefleisch (Mett, Tatar) und nicht durchgegartem Fleisch verzichtet wird;
- die Lebensmittel im Kühlschrank aufgetaut werden;
- die Verpackung vor dem Auftauen entfernt wird;
- das Auftauwasser von Tiefkühlgeflügel weggeschüttet wird;
- Arbeitsflächen, Geräte, Hände gründlich gereinigt werden;
- Geflügel ganz durchgegart wird.

Salmonellen-Info

Selbstschutz der Eier: 18 Tage lang, ab dem Legedatum, wirkt der bakterizide Selbstschutz der Eier, sodass in dieser Zeit bei Zimmertemperatur keine Salmonellen ins Innere des Eies gelangen können. Ab dem 18. Tag nach dem Legen müssen die Eier bei Temperaturen zwischen +5 °C und +8 °C aufbewahrt werden.

Meldepflicht!

Schwere Fälle von Salmonellenvergiftung sind meldepflichtig, damit das Gesundheitsamt den Ursprung der Vergiftung feststellen kann.

Gefüllte Paprikahälften mit Reis

Zutaten	Arbeitsschritte	
2–3 Paprikaschoten (rot, grün, gelb)	waschen, halbieren, Stielansatz, Kerne und weiße Trennhäute entfernen, nochmal waschen	
1 Tasse gekochter Reis 1 kleine Zwiebel 250 g Hackfleisch 1 Semmel vom Vortag Pfeffer, Paprika, wenig Salz 1/2 Paprikaschote etwas Fett für die Form	würfeln einweichen und fest ausdrücken fein würfeln Form fetten	Fleischteig herstellen und in die Paprikahälften füllen
Für die Soße: 1 Packung passierte Tomaten oder 1 Dose Tomatenmark und 1/4 l Wasser	Soße zubereiten und in die Auflaufform gießen, Paprikahälften einsetzen, bei Umluft 175–180 °C 20–30 Min. garen	
1 Essl. Crème fraîche frische Kräuter	vor dem Servieren zugeben	

Beachte:
- persönliche Hygiene
- Arbeitsplatzhygiene
- Lebensmittelhygiene

Umwelttipp: Zwei Auflaufformen im herkömmlichen Herd.

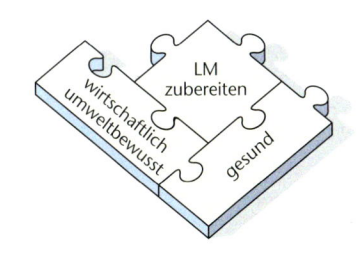

Aufgaben

1. Nimm Stellung zum Einkauf und zum Verhalten von Josef und Elvira.
2. Formuliere Regeln zum heutigen Gericht, die dazu beitragen sollen, die Gefahr einer Salmonellenerkrankung zu verhindern.
3. Begründe: „Wissen schützt vor Gesundheitsschäden."

2 Gesund leben und essen

Gesundheitsschutz durch Obst und Gemüse

Obst und Gemüse sind nicht nur knackig lecker, bunt und kalorienarm, sondern enthalten auch viel Vitamin C, Beta-Karotin, Kalium, Ballaststoffe und sekundäre Pflanzenstoffe.
Die beiden Grafiken verdeutlichen den Wert des Verzehrs von Obst und Gemüse für die Gesundheit und damit auch für die Allgemeinheit.

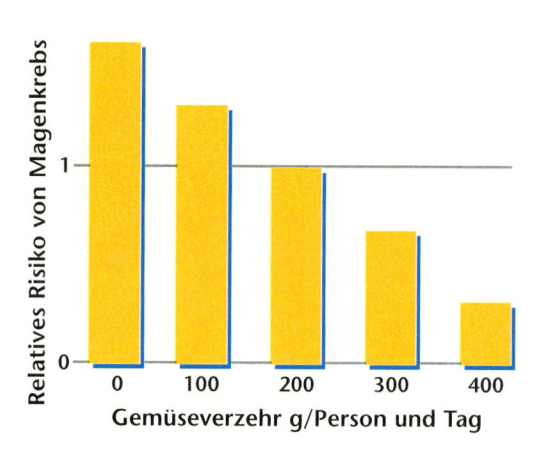

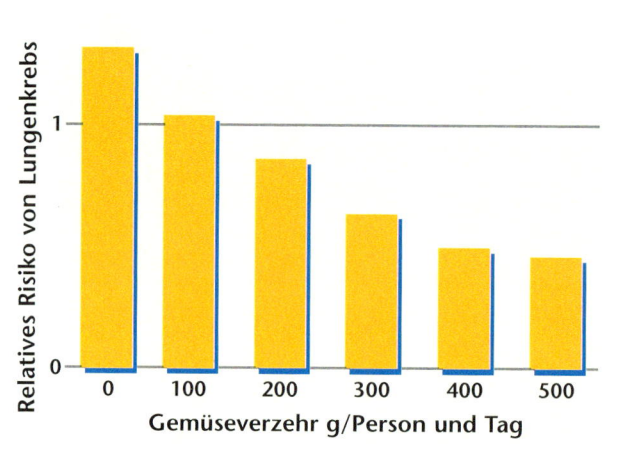

Quelle: nach World Cancer Research Fund and American Institute for Cancer Research, 1997; aus: aid (Hg.), „5 am Tag".

Neue wissenschaftliche Erkenntnisse
Insbesondere die sekundären Pflanzenstoffe schützen den Körper vor Krankheiten.

Wissenschaftlich ist erwiesen, dass das Risiko, an Magenkrebs zu erkranken, um 60 % verringert werden kann, wenn statt 100 g Gemüse 350 g verzehrt werden. Das gilt auch für alle anderen Krebsarten.

Schutz vor freien Radikalen
Freie Radikale sind sehr aggressive sauerstoffreiche Verbindungen, die vermutlich eine Schlüsselrolle bei der Entstehung von Krebs und Herz-Kreislauf-Erkrankungen spielen. Besonders durch Rauchen, Umweltverschmutzung und UV-Strahlung gelangen vermehrt freie Radikale in den Körper und führen dann zu gesundheitsschädlichen Reaktionen. Die Vitamine C, E und Beta-Karotin und der Mineralstoff Selen, die in gelben, orangeroten und roten Obst- und Gemüsearten sowie in dunkelgrünem Gemüse vorkommen, können den freien Radikalen entgegenwirken.

Verringerung des Krebsrisikos
Sekundäre Pflanzenstoffe in allen Obst- und Gemüsearten können verhindern, dass krebserregende Stoffe überhaupt erst entstehen oder aktiv werden.

Schutz für Herz und Kreislauf
Hoher Obst- und Gemüseverzehr senkt den Blutdruck und den Cholesterinspiegel.

Gesundheitsschutz durch Obst und Gemüse

Regulierung des Blutzuckerspiegels
Hülsenfrüchte, Kartoffeln und Getreide liefern sekundäre Pflanzenstoffe, die für einen ausgeglichenen Blutzuckerspiegel sorgen.

Entzündungshemmende und antimikrobielle Wirkung
Besonders Zwiebeln, Radieschen und Meerrettich wirken gegen Bakterien, Viren und Pilze und helfen bei Entzündungen.

Stärken des Immunsystems
Die sekundären Pflanzenstoffe und der hohe Vitamin-C-Gehalt von Beeren und Zitrusfrüchten stärken die Abwehrkräfte.

Vorschlag für einen Tageskostplan
Bei der Zusammenstellung des Tageskostplans können die wissenschaftlichen Erkenntnisse umgesetzt werden.

Tageskostplan „Fünf am Tag"

Frühstück
Müsli mit Obst der Saison oder ein Glas Fruchtsaft oder ein Brot mit Frischkäse und Gemüse (z. B. Tomaten, Paprika, Kresse)

Pause
Eine Käsesemmel und ein Stück Obst (z. B. Apfel, Banane, Birne) oder Gemüse (z. B. Karotte, Gurke, Radieschen)

Mittagessen
Eine große Portion Gemüse-Nudel-Auflauf, ein Glas Fruchtsaftschorle

Brotzeit
Jogurt mit frischem Obst oder getrocknetes Obst

Abendessen
Großer Salatteller mit gebackenem Camembert oder Schinkenwürfeln

Aufgaben
1 Begründe die Aussage „Obst und Gemüse sind Bodyguards".
2 Vergleiche dein Ernährungsverhalten mit dem Tageskostplan.

2 Gesund leben und essen

Ernährung und Bewegung als Schlüssel zum Wohlbefinden

Gesundheit steht laut Umfragen bei den Deutschen auf Platz eins der persönlichen Wunschliste.

Übergewicht ist das heute häufigste Ernährungs- und Gesundheitsproblem – auch bei Kindern und Jugendlichen. Inzwischen ist in Deutschland jedes fünfte Kind und jeder dritte Jugendliche übergewichtig. Der Vergleich von Kindern und Jugendlichen mit Normalgewicht und Übergewicht zeigt, dass Übergewichtige oft bereits Krankheiten haben, die sonst erst im späteren Erwachsenenalter auftreten, wie z. B. Diabetes, erhöhter Cholesterinspiegel und Bluthochdruck. Einen gesunden Lebensstil zu fördern ist nicht nur ein privates, sondern auch ein gesundheitspolitisches Anliegen – denn Krankheiten verursachen Kosten.

Einen gesunden Lebensstil pflegen

Das Denken und Lernen in der Schule und zu Hause sind überwiegend geistige Tätigkeiten. Ein körperlicher Ausgleich durch praktische Mitarbeit im Haushalt, aber vor allem auch der Freizeitsport sorgen neben einer gesunden Ernährung für die nötige Fitness und erhalten Körper, Geist und Seele gesund.

Normalgewicht oder Übergewicht

Ein Kind oder ein Jugendlicher mit Normalgewicht ist weder über- noch unterernährt. Mit Normalgewicht ist laut wissenschaftlicher Untersuchungen der Mensch den Anforderungen des täglichen Lebens am besten gewachsen. Ob Normalgewicht oder Übergewicht vorliegt, lässt sich mit dem so genannten Körpermassenindex (Body Mass Index = BMI) ermitteln. Bei der Berechnung des BMI werden Körpergröße und Körpergewicht berücksichtigt.

$$BMI = \frac{\text{Körpergewicht in kg}}{\text{Körpergröße (m)} \times \text{Körpergröße (m)}}$$

Berechnung des BMI (Körpermassenindex)

Bernd ist 16 Jahre alt. Er wiegt 68 kg und ist 1,70 m groß. Seinen BMI errechnet er so:

$$BMI = \frac{68 \text{ kg}}{1{,}70 \text{ m} \times 1{,}70 \text{ m}} = 23{.}53$$

Erwachsene mit einem BMI-Wert unter 18,5 haben Untergewicht. Normalgewichtig ist, wer einen BMI-Wert zwischen 18,5–24,9 hat. Leichtes Übergewicht hat, wer einen BMI zwischen 25–29,9 hat. Ein höherer BMI-Wert besagt, dass schweres Übergewicht vorliegt. Bernd liegt mit 23,53 im Normalbereich oder auch „grünen Bereich", wie aus der Grafik abzulesen ist.

Bis zum Alter von 15 Jahren lässt sich kein BMI-Wert sinnvoll errechnen und auswerten.

Körpermassenindex (ab 15 Jahren)

Diagramm: Körpergröße in m (1,5–2,1) gegen Gewicht in kg (50–110) mit den Bereichen Untergewicht, Normalgewicht, leichtes Übergewicht und schweres Übergewicht.

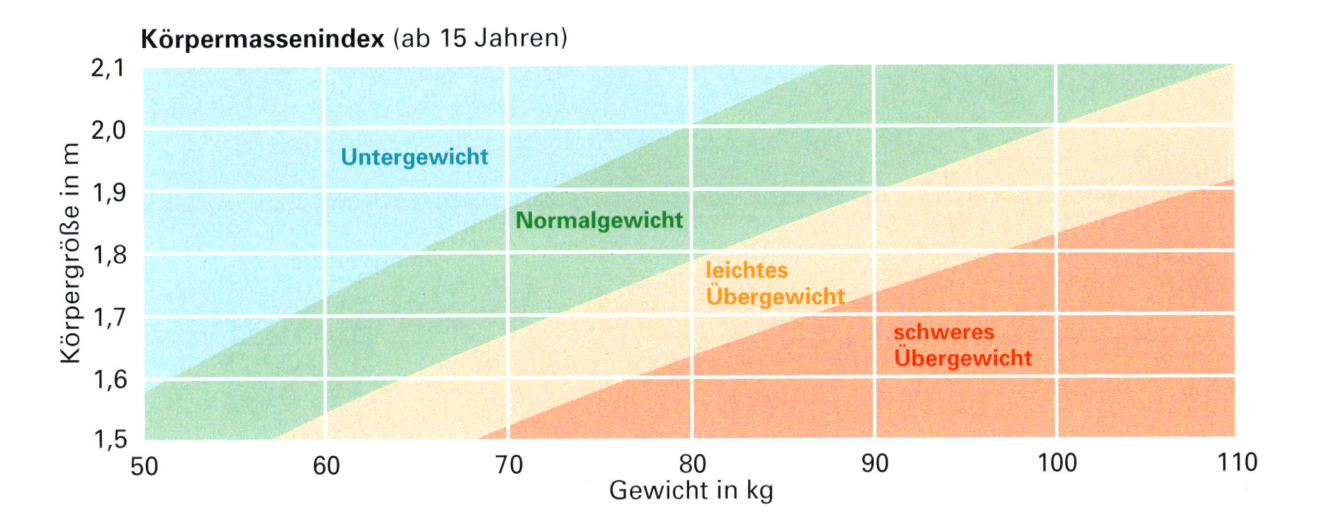

Körpermassenindex (ab 15 Jahre)

Wenn Körpergewicht und Körpergröße bekannt sind, kannst du in der Grafik ablesen, ob dein Gewicht im Normalbereich, sprich im „grünen Bereich", liegt. Zeigen die Werte des BMI leichtes Übergewicht an, gibt es keinen Grund zur Aufregung. Mit bewusster Ernährung und regelmäßiger Bewegung lässt sich das Gewicht halten oder verringern. Starkes Übergewicht kann auf die Dauer nur mit einer Umstellung der Ernährung und Lebensweise erfolgreich abgebaut werden. Eigeninitiative kann durch ärztlichen Rat und das Gemeinschaftsgefühl in der Familie und mit Freunden unterstützt werden.

Die Lebensweise überdenken und ändern

Der erste Schritt für eine positive Veränderung ist das Erkennen von Fehlern. Mit dieser Erkenntnis lässt sich der Tagesablauf umgestalten. Dabei können Fragen hilfreich sein:
- Habe ich heute die Empfehlungen von „Fünf am Tag" berücksichtigt?
- Bin ich heute schon an der frischen Luft gewesen?
- Habe ich trotz meiner Pflichten auch wirkliche Freizeit gehabt?

! Gewichtsprobleme sind keine Schönheits-, sondern Gesundheitsprobleme.

! Normalgewicht verschafft ein neues Lebensgefühl.

Aufgaben

1 Informiere dich im Internet näher über den BMI und schlage im Glossar nach.

2 Erkläre den BMI am Beispiel von Ines, 20 Jahre, 1,65 m, 60 kg.

3 Sprich mit deiner Familie über den BMI. Entwickelt gemeinsam Vorschläge für eine gesunde Lebensweise.

4 Schreibe einen Plan für deine Freizeitaktivitäten und deine Ernährung am nächsten Wochenende.

2 Gesund leben und essen

Naturbelassene Lebensmittel bevorzugen

Bei der Zubereitung von Obstauflauf legen wir auf hochwertige Lebensmittel und auf hygienische Verarbeitung der Zutaten Wert.

Obstauflauf der Saison

Zutaten	Arbeitsschritte
5 Essl. Pflanzenöl 3 Essl. flüssiger Honig 1 ungespritzte Zitrone (Schale) 3 Eier 150 ml Milch	verrühren mit Kochlöffel oder elektrischem Handrührgerät oder mit der Küchenmaschine
75 g Buchweizen und 75 g Weizen	fein mahlen von Hand oder mit der Maschine, zugeben und unterrühren
1 kg Obst nach Saison z. B. Kirschen oder Äpfel und Birnen oder Äpfel und Zwetschgen	vorbereiten, z. B. Äpfel mit Hobel oder mit Küchenmaschine zerkleinern
etwas Butter 10 Haselnüsse	Form fetten, Teig und Obst abwechselnd einschichten, blättrig schneiden oder grob zerkleinern mit Mixstab des Handrührgerätes oder mit der Küchenmaschine mahlen, über den Auflauf verteilen und Butterflocken aufsetzen
	bei 200 °C (180 °C Heißluft) etwa 35–40 Min. backen

Buchweizenpflanze

! Frisch gemahlenes Getreide ist hochwertig.

! Naturbelassene Lebensmittel fördern die Gesundheit.

Getreideart Buchweizen

Die Heimat des Buchweizens ist die südrussische Steppe. Heute wird Buchweizen auch in Süddeutschland und Holland angebaut. Die dreikantigen braunglänzenden Früchte enthalten ein wertvolles Eiweiß und gedeihen auch auf mageren Äckern. Buchweizen kann man als ganzes geschältes Korn, als Mehl oder als Grütze kaufen. Er wird bei der Zubereitung von Suppen, Brei, Klößen, Wurst und bei Pfannkuchen wie Blinis und Crêpes verwendet.

Aufgaben

1 Bewerte den Obstauflauf nach dem Gesundheitswert, dem Genusswert und unter den Aspekten „umweltbewusst" und „wirtschaftlich". Schlage auf Seite 38/39 nach.

2 Wiederhole dein Ernährungswissen über Pflanzenöl, Honig, Vollgetreide und Obst.

3 Erkläre die sachgerechte Lagerung im Hinblick auf die Zutaten im Rezept.

Jedem das Seine, aber nicht allen das Gleiche

Kerstin und Kevin unterhalten sich über das Betriebspraktikum.
Kevin: Hast du schon eine Zusage für das Betriebspraktikum?
Kerstin: Ja, ich arbeite in meinem Wunschberuf als Frisörin.
Kevin: Ich arbeite viel mit Holz in einer kleinen Schreinerei. Meine Freizeit gehört dem Fußballtraining.
Kerstin: Ich glaube, abends bin ich bestimmt müde vom vielen Stehen. Mein Basketballtraining lasse ich in der Praktikumswoche ausfallen. Dafür lese ich und höre Musik.

Ernährungsbedürfnisse werden beeinflusst durch das Alter, das Geschlecht, die Körpergröße und die Tätigkeit, aber auch durch das Klima. Ein überwiegend geistig Arbeitender wie z. B. eine Büroangestellte verbraucht weniger Energie als ein Handwerker, der körperlich anstrengende Arbeit verrichtet. Auch in der Freizeit verbrauchen die Menschen unterschiedlich viel Kraft. Wer an Sportveranstaltungen nur vom Fernsehsessel aus teilnimmt, hat einen geringeren Nährstoffbedarf als jemand, der seine Muskeln beim Wandern, Radeln oder Schwimmen gebraucht.

! **Der Ausgleich zwischen geistiger und körperlicher Betätigung fördert das Wohlbefinden.**

Essen beeinflusst unsere Leistung

Ernährungswissenschaftler haben erkannt, dass die Leistungsfähigkeit des Menschen im Tagesablauf einem natürlichen Rhythmus von Leistungshochs und Leistungstiefs unterliegt, der durch die Mahlzeiten günstig ergänzt werden kann.

! **Die Ernährung beeinflusst die Leistungsfähigkeit.**

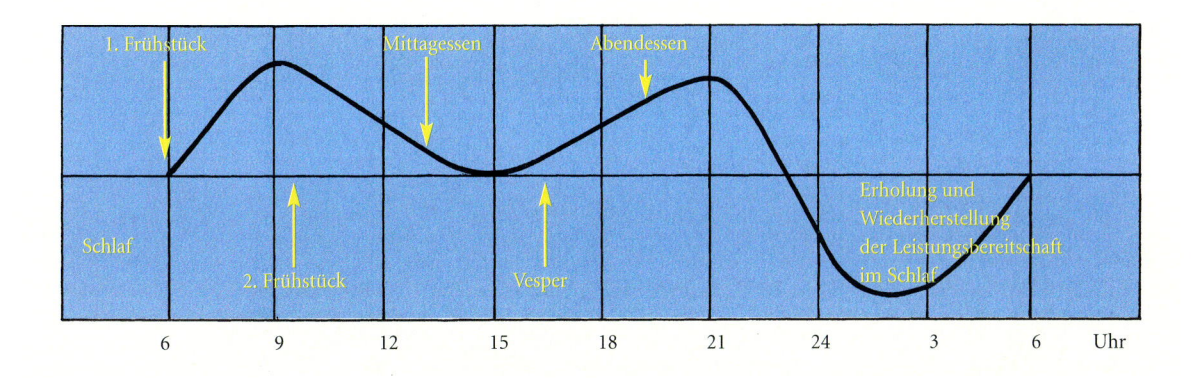

Die Tagesleistungskurve

Aufgaben

1 Erkläre den Zusammenhang zwischen Tagesleistungskurve und Mahlzeiten.

2 Erstellt einen Tagesplan (Essen und Bewegung) für Kerstin und Kevin. Bezieht dabei den Obstauflauf mit ein.

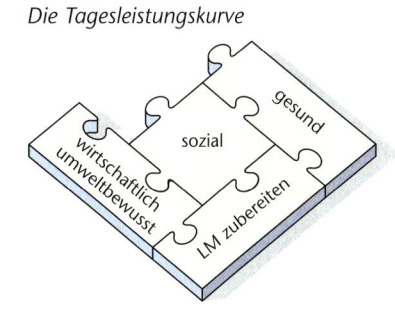

2 Gesund leben und essen

Selbstständig Wissen aneignen: Getreidezirkel für die Aula

| Hafer | Dinkel/Grünkern | Quinoa | Mais | Amaranth |

Station 1

Weltkarte

- Suche auf der Weltkarte die Herkunft der Getreidearten.

Medium: Weltkarte

Station 2

Getreidekörner

- Vergleiche die Getreidekörner nach ihrem Aussehen.

Medium: Verschiedene Getreidekörner

Station 3

Angebot im Handel

- Sichte die Angebotsformen.

Medium: Ganze Körner, Flocken, Grieß, Mehl usw.

Station 4

Computerstation

- Informiere dich über Geschichtliches zu den Getreidearten im Internet oder im Computerlexikon.

Medium: Computer, Encarta-Lexikon

Station 5

Inhaltstoffe der Getreidearten

- Lies in der Nährwerttabelle und auf der Verpackung nach.

Medium: Nährwerttabelle, Verpackung

Station 6

Verschiedene Rezepte

- Suche zu jeder Getreideart passende Rezepte.

Medium: Bücher, Internet

Geheime Wahl
Rezeptfavorit für das Schulfest

3 Lebensmittel auswählen und verarbeiten

Industriell und selbst hergestellte Speisen vergleichen

In diesem Kapitel lernst du weitere Garverfahren und Verarbeitungstechniken kennen, die zur Zubereitung gesunder Mahlzeiten nützlich sind. Selbst hergestellte Speisen werden mit vorgefertigten verglichen und bewertet. Dabei spielen Kriterien wie Zeit, Kosten und Geschmack eine wichtige Rolle.

In jedem Haushalt gibt es Reste von Semmeln oder Brezen, die sich zu schmackhaften Gerichten weiterverarbeiten lassen. Frische Pilze nach Saison und Angebot sollten bevorzugt werden. Pilze in Dosen oder Gläsern sind ein sinnvoller Vorrat. Unser Gericht ist schnell mit frischen, naturbelassenen Zutaten selbst zubereitet.

Zutatenliste auf der Knödelpackung:
Semmelbrot (Weizenmehl, Hefe, Speisesalz, pflanzliches Fett, Sojamehl, Malz), pflanzliches Öl gehärtet, Weizenmehl, Stärke, Weizengrieß, Volleipulver, Speisesalz, Magermilchpulver, Gewürzextrakt, Würzmittel, Kräuter, Gewürze

Ragout
Ragout ist ein Gericht aus geschnittenem Fleisch, Gemüse oder Pilzen, das in einer gewürzten, angedickten Brühe gegart wird.

! Feuchte Teige mit feuchten Händen formen.

Semmelknödel mit Pilzragout

Zutaten	Arbeitsschritte
Semmelknödel	
6 Semmeln vom Vortag oder 1 Packung Semmelknödel	in dünne Scheiben schneiden
100 ml lauwarme Milch 3 Eier	verquirlen, über die Semmeln geben
1 Bund Kräuter (z. B. Petersilie)	waschen, klein schneiden
1 kleine Zwiebel	sehr fein würfeln
etwas Salz und Pfeffer	zugeben
2–3 Essl. Semmelbrösel	je nach Teigbeschaffenheit zugeben Zutaten zum Teig vermengen, Teig portionieren und Semmelknödel formen
1 1/2 l Salzwasser	zum Kochen bringen, Probeknödel einlegen, bleibt dieser ganz, übrige Knödel einlegen und im Topf mit geöffnetem Deckel 20 Min. gar ziehen lassen
Pilzragout Fertig-Pilzsoße *oder* Pilze aus der Dose *oder* 400 g frische Champignons, Egerlinge oder Waldpilze	putzen, waschen, blättrig schneiden kleine Pilze ganz lassen
1 Zwiebel	fein würfeln
3 Essl. Öl	erhitzen, alles darin andünsten
2 Essl. Mehl	stauben
1/2 l Brühe	aufgießen
etwas Zitronensaft wenig Salz und Pfeffer	zugeben
	10 Min. garen lassen
1/2 Becher Sahne frische Kräuter	zum Abschmecken zum Anrichten
Tipp: Statt Semmeln eignen sich auch geschnittene Brezen.	

Bearbeitungsstufen vorgefertigter Lebensmittel
Der Lebensmittelhandel bietet unverarbeitete und vorgefertigte Lebensmittel in Hülle und Fülle an. Dieses Convenience-Food gibt es in unterschiedlichen Stufen der Bearbeitung.

küchenfertig	verzehrfertig

Selbst hergestellte Speisen und Fertigprodukte ergänzen sich
Jeder muss für sich selbst abwägen und entscheiden, wann und ob die Verwendung von industriell aufbereiteten Produkten sinnvoll ist. Beispielsweise ist eine Tiefkühlpackung Pommes preisgünstiger als der Kauf von Kartoffeln und Frittierfett. Vorgefertigte Produkte lassen sich mit frischen Zutaten, die Vitamine, Mineralstoffe und sekundäre Pflanzenstoffe enthalten, zu einer gesundheitsbewussten Mahlzeit kombinieren.

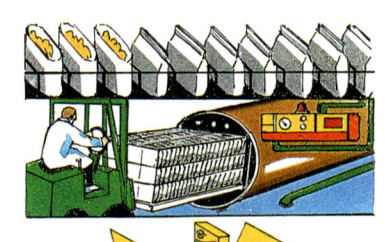

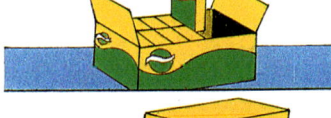

Für und wider Fertigprodukte
Der größte Vorteil bei der Verwendung von vorgefertigten Produkten liegt in der Zeitersparnis. Vorzüge der selbst zubereiteten Speisen sind dagegen der höhere Nähr- und Wirkstoffgehalt und der typische naturbelassene Geschmack. Zusatzstoffe sind bei Fertigprodukten oft unumgänglich, um die Beschaffenheit, das Aussehen des Produktes und seine Haltbarmachung zu gewährleisten. Zu bedenken ist, dass die Herstellung von Fertigprodukten aufwändig und mit hohen Energiekosten verbunden ist. Nicht nur den Arbeitsaufwand und die Verpackung, sondern auch die allgemeinen Kosten für Personal, Lagerung, Werbung und Transport bestimmen den Preis eines Produkts, den der Kunde zahlt.

Der energieaufwändige Weg eines Fertigprodukts vom Rohstoff zum Käufer

So oft wie möglich frisch zubereitete, so selten wie nötig industriell vorgefertigte Produkte verwenden.

Aufgaben
1 Entscheidet in der Gruppe, wer die unverarbeiteten Lebensmittel, die vorgefertigten oder die Fertigprodukte verarbeitet. Vergleicht die Ergebnisse nach Aussehen, Geschmack, Preis und Aufwand.

2 Stelle das Für und Wider von Fertigprodukten heraus.

(m) 3 Überlege, wie du diese Produkte sinnvoll mit naturbelassenen Zutaten kombinieren kannst.

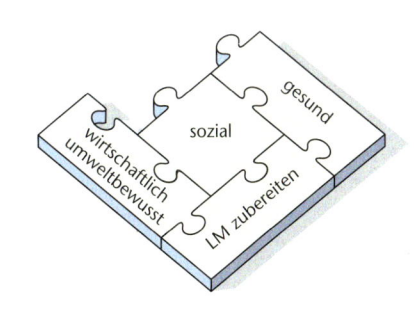

3 Lebensmittel auswählen und verarbeiten

Lebensmittel und Speisen aus der Region

Heimische Gemüsesorten wie Steckrüben, Teltower Rübchen, Schwarzwurzeln, Fenchel, Rote Rüben, Schwarzrettich, Sellerie, Mangold und Kürbis werden häufig mit früheren oder schlechteren Zeiten in Verbindung gebracht. Tatsächlich stehen sie aber heutzutage wieder auf unseren Speisezetteln und vor allem Feinschmeckerlokale verwöhnen ihre Gäste mit raffinierten Speisen aus den „alten" Gemüsesorten: Schwarzwurzeln mit Pistazienkruste, Steckrüben-Quiche, Rote Rüben mit Apfelrahm, überbackener Fenchel, Mangoldrouladen und Steckrübengratin – als Beilage oder Hauptgericht.

Aufschneiden einer Steckrübe

Steckrüben-Kartoffel-Gratin

Zutaten	Arbeitsschritte
500 g vorwiegend fest kochende Kartoffeln 1 Steckrübe (500 g)	waschen, kochen, pellen, abkühlen in dünne Scheiben schneiden waschen, schälen, in Scheiben schneiden 20 Min. in Salzwasser vorgaren Auflaufform fetten, Kartoffel- und Steckrübenscheiben einschichten
1 kleine Zwiebel 1 Essl. Butter 200 ml Brühe	würfeln erhitzen, Zwiebel andünsten, mit ablöschen
100 ml Magermilch 1 Essl. Crème fraîche 1–2 Eier 2 Essl. geriebener Käse, Salz, Pfeffer, Muskat	mischen, über die Auflaufzutaten gießen
Wahlweise: 150 g Krabben *oder* 50 g durchwachsenen Speck *oder* 50 g Salami *oder* 100 g Schinken 2 Essl. Kürbiskerne	auflegen, Auflauf bei 200 °C etwa 30 Min. goldbraun backen
1 gekochtes Ei Kräuter	zum Anrichten
Tipp: Gratin mit Blattsalat der Saison reichen.	

Steckrüben
Entferne von der Steckrübe zuerst den Stielansatz und dann das untere Ende der Wurzel. Schneide nun von oben nach unten die feste Schale dickwandig ab. Holzige Teile sind zu entfernen. Wenn man die Steckrübe in Scheiben schneidet, braucht man ein kräftiges Messer, da Steckrüben sehr hartes Fleisch haben.

! Bevorzuge regionales, saisonales und naturbelassenes Gemüse (siehe Saisonkalender S. 138).

Verwendungsbereich der Steckrübe

Steckrüben lassen sich vielseitig verwenden. Das leicht süßlich schmeckende Fruchtfleisch kann sowohl roh als auch gekocht verwendet werden. Die zunächst harte Beschaffenheit ändert sich je nach Garzeit von bissfest bis weich und der Geschmack bleibt mild. Steckrüben eignen sich für Suppen, als Gemüsebeilage und zum Auflauf. Roh gerieben ist die Steckrübe eine schmackhafte Vorspeise.

Lebensmittel und Speisen aus der Region

Auswahl von Kartoffeln und Gemüse

Lukas möchte das Rezept Steckrübengratin schon ausprobieren, bevor wir es in der Schule zubereiten.
Er erkundigt sich dazu bei der Marktfrau auf dem Wochenmarkt.

Frau Frisch: Steckrüben, oder Kohlrüben genannt, sind große Wurzelknollen mit gelbem Fleisch und süßlich-würzigem Geschmack. Sie sind preiswert und energiearm.

Lukas: Im Rezept werden vorwiegend fest kochende Kartoffeln verlangt; gibt es auch noch andere?

Frau Frisch: Wir unterscheiden drei Kochtypen bei Kartoffeln: mehlig, fest kochend und vorwiegend fest kochend.

Lukas: Danke für die Information.

Kochverhalten der Kartoffeln testen

Beim Betrachten und Kosten gegarter Kartoffeln unterschiedlicher Kochtypen lassen sich Farbe, Beschaffenheit und Geschmack vergleichen.

Die mehligen Sorten haben einen intensiveren Kartoffelgeschmack, sind weich und zerfallen leicht. Die fest kochenden Kartoffelsorten behalten die Form, lassen sich gut in Scheiben schneiden, sehen glasig und glänzend aus und schmecken saftig. Die vorwiegend fest kochenden Kartoffelsorten sind die „Allroundkartoffeln", die im Geschmack beide Sorten vereinen.

Marktstand mit regionalem (einheimischem) Gemüse

Verwendungsbereiche der gebräuchlichsten Kartoffelsorten

Sorte	Hansa	Clivia	Irmgard
Geeignet für	Kartoffelsalat, Bratkartoffeln	Salzkartoffeln, Pellkartoffeln, Bratkartoffeln	Kartoffelsuppen, Eintopfgerichte, Kartoffelpuffer, Kartoffelknödel, Kartoffelbrei
Kocheigenschaft	Springen nicht auf, sind fest und feucht	Springen nur wenig auf, sind etwas feucht	Springen stärker auf, kochen locker, sind trockener
Kochtyp	Fest kochend	Vorwiegend fest kochend	Mehlig kochend

Äußere Qualitätsmerkmale und Verwendungsbereiche für Gemüse

	Extra	Klasse I	Klasse II	Klasse III
Qualitätsmerkmale	Auserlesene Ware, Spitzenqualität ■ Keine Mängel ■ Vorgeschriebene Mindestgröße ■ In Form und Farbe fehlerlos und sortentypisch	Hochwertige Ware, gute Qualität ■ Leichteste Fehler zulässig ■ Vollkommen gesundes Fruchtfleisch ■ Produkte dürfen etwas kleiner sein	Gute Ware, marktfähige Qualität ■ Kleine Fehler in Form und Farbe ■ Bei Obst festgelegte Fruchtgrößen ■ Handelswert darf nur unwesentlich gemindert sein	Haushalts-/Industrieware ■ Fehler in größerem Umfang zulässig ■ Unterschiedliche Produktgrößen
Zweck	Zum Kochen, Dünsten, Gefrieren, Einlagern, Einkochen, Garnieren		Zur Weiterverarbeitung (Suppen, Soßen, Salate)	

Äußere Qualitätsmerkmale sagen nichts über die Inhaltsstoffe aus. !

Aufgaben

1 Nenne den Verwendungszweck der angebotenen Kartoffelsorten und Kochtypen.

2 Wiederhole den Verwendungsbereich der Steckrübe.

m 3 Informiere dich im Supermarkt über das Angebot an Tiefkühlgerichten mit regionalem Gemüse.

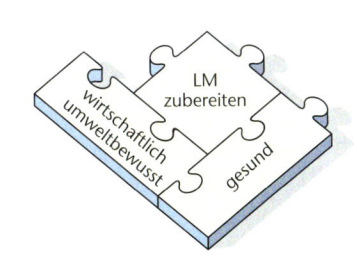

Fleisch – auf die richtige Auswahl kommt es an

! Bevorzuge Frischfleisch.

! Der kluge Kunde kauft das Fleischstück entsprechend der Verwendung.

Ob frisch vom Stück, abgepackt in Folie, ob aus der Tiefkühltheke oder Dose – der Gesetzgeber versteht unter Fleisch Teile von warmblütigen Tieren wie Kalb, Rind, Schwein, Lamm usw. Die Fleischqualität bei vorgefertigten Produkten aus Dose oder Tiefkühlpackung ist vor dem Verzehr nicht überprüfbar. Nur bei frischem Fleisch sieht man, um welches Stück es sich handelt. Je nach Qualität eignen sich die Fleischteile zum Kochen, Braten, Kurzbraten oder Grillen. Ein wichtiger Fleischlieferant ist das Hausschwein.

Wichtige Teilstücke vom Schwein

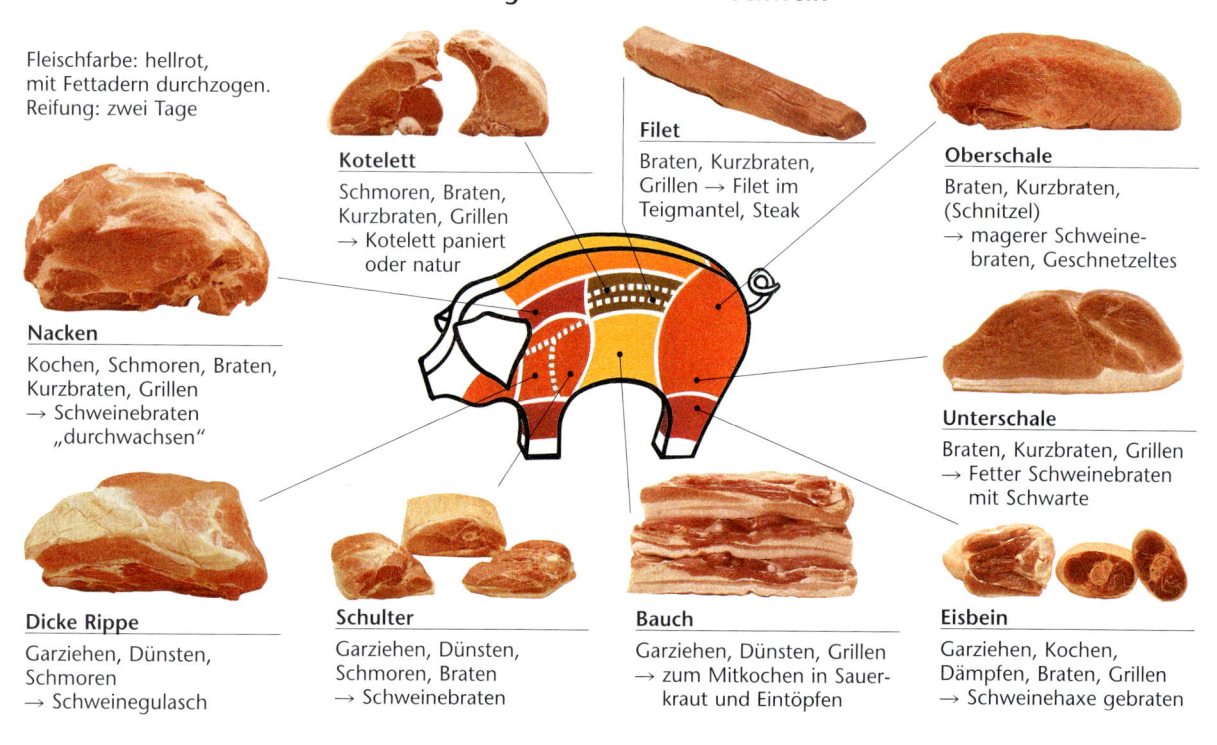

Fleischfarbe: hellrot, mit Fettadern durchzogen.
Reifung: zwei Tage

Kotelett
Schmoren, Braten, Kurzbraten, Grillen
→ Kotelett paniert oder natur

Filet
Braten, Kurzbraten, Grillen → Filet im Teigmantel, Steak

Oberschale
Braten, Kurzbraten, (Schnitzel)
→ magerer Schweinebraten, Geschnetzeltes

Nacken
Kochen, Schmoren, Braten, Kurzbraten, Grillen
→ Schweinebraten „durchwachsen"

Unterschale
Braten, Kurzbraten, Grillen
→ Fetter Schweinebraten mit Schwarte

Dicke Rippe
Garziehen, Dünsten, Schmoren
→ Schweinegulasch

Schulter
Garziehen, Dünsten, Schmoren, Braten
→ Schweinebraten

Bauch
Garziehen, Dünsten, Grillen
→ zum Mitkochen in Sauerkraut und Eintöpfen

Eisbein
Garziehen, Kochen, Dämpfen, Braten, Grillen
→ Schweinehaxe gebraten

Unser Fleischkonsum
Der Fleischverzehr in kg pro Kopf wandelte sich wie folgt:

	1990	2000
Gesamt	67,2	60,5
Rind/Kalb	15,0	10,4
Schwein	41,3	38,5
Schaf	0,6	0,8
Innereien	2,0	1,2
Geflügel	7,6	8,6

Was beeinflusst die Fleischqualität?

Heute gilt „marmoriertes" (mit feinem Fett durchsetztes) Fleisch bei Feinschmeckern als Qualitätsfleisch.
Die Fleischqualität wird durch Faktoren wie Aufzucht, Fütterung und Haltung der Tiere maßgeblich bestimmt. Natürliche Fütterung ohne Antibiotika, Freilaufhaltung, langsames Wachstum und kurze schonende Wege zum Schlachthof sind dafür die besten Voraussetzungen. Die Massentierhaltung mit dem Ziel einer schnelleren Fleischproduktion erhöht dagegen die Seuchengefahr und mindert die Fleischqualität. Schweinefleisch aus Massentierhaltung (PSE-Fleisch) ist blass (engl. pale), weich (soft) und wässrig (exudativ).

Fleisch – auf die richtige Auswahl kommt es an

Eingetragene Warenzeichen zum Fleischeinkauf

Landwirte, die sich einer Organisation zum ökologischen Landbau angeschlossen haben, unterliegen strengen Vorschriften zur artgerechten Haltung der Tiere.

Beim Schwein sind dies hoferzeugtes Futter, Auslauf, Stroheinstreu und Verbot von Spaltenböden, ein ausreichendes Platzangebot für Schweine aller Altersstufen sowie das Verbot von industriellen Futtermitteln, Tier- und Knochenmehlen.

Mit der Produktion von Qualitäts- oder Markenfleisch eröffnen sich zudem neue Einkommens- und Marktchancen für mittlere und kleinere landwirtschaftliche Betriebe.

Ernährungsinfo zur Nährwerttabelle

Fleisch und Fleischerzeugnisse sind wichtige Lebensmittel für die Versorgung mit
- biologisch hochwertigem Eiweiß,
- essentiellen Fettsäuren,
- vielen Mineralstoffen und Spurenelementen,
- vielen Vitaminen.

Achte bei Fleisch mehr auf Qualität als auf Quantität.

Paprikaschnitzel

Zutaten	Arbeitsschritte
4 kleine Schweineschnitzel	abtupfen, klopfen
Salz, Pfeffer	würzen
2 Essl. Mehl	mischen, Schnitzel
1 Essl. Paprika, mild	darin wenden
3 Essl. Öl	erhitzen, Schnitzel einlegen von beiden Seiten kurz braten
etwas Brühe	aufgießen, Soße fertig
1 Becher Sahne	stellen

Tipp: Frische Paprikaschotenstreifen zum Anrichten.

Als Beilage frische Gemüse- oder Rohkostplatte der Saison.

Ein Gesundheitstipp: Doppelte Portion Gemüse und halbe Portion Fleisch.

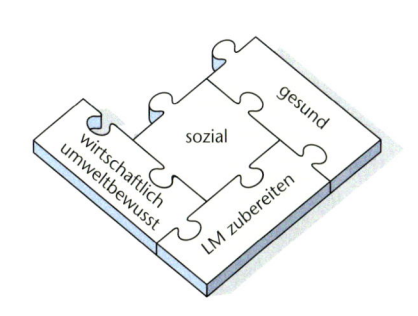

Aufgaben

1 Nenne die geeigneten Fleischstücke für Schweinebraten, Paprikaschnitzel und Gulasch.

2 Bewerte Paprikaschnitzel mit Gemüse- oder Rohkostplatte nach den Grundsätzen der DGE und der mediterranen Ernährung.

3 Erkundige dich in deiner Region nach Landwirten und Metzgereien mit Fleisch aus kontrollierter Tierhaltung.

4 Informiere dich im Fachgeschäft und im Supermarkt nach Angebotsformen von Hackfleisch.

5 Begründe die Aussage „Weniger Fleisch ist ernährungs- und umweltbewusst".

6 Diskutiert in der Gruppe über den Zusammenhang von Fleischqualität, Tierhaltung und Preis.

Fastfood – pro und kontra

Hast du schon mal nachgelesen, was da alles auf den Soßen steht?

Ich ernähre mich hier gesund, ich esse immer Salat.

Tempo ist hier angesagt, sowohl bei der Zubereitung als auch beim Service.

Hier kann man in cooler, lockerer Atmosphäre essen und trinken.

Ich will meine Freunde treffen und sitzen, so lange ich will.

Das lästige Tischdecken und die Tischsitten sind hier nicht so wichtig.

Diese Hähnchenteile sind aus gepresstem Fleisch.

Fastfood ist gerade das Richtige für den Hunger zwischendurch.

In letzter Zeit wird hier auch der Müll getrennt.

Eine Fastfood-Mahlzeit ist eine richtige Energiebombe.

Im Moment werde ich satt, aber ich bekomme immer schnell wieder Hunger.

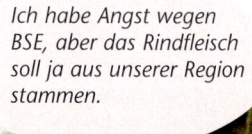

Ich habe Angst wegen BSE, aber das Rindfleisch soll ja aus unserer Region stammen.

Die Verpackungen sind alle umweltfreundlich.

Fastfood – pro und kontra

Fastfood ist kein Lebensstil

Als Fastfood (= schnelles Essen) werden Standardgerichte wie Hamburger, Bratwürste, Frikadellen, Grillhähnchen, Sandwiches, Pizzas, Crêpes, Fleischtaschen, Salate, Cola- und Limonadengetränke angeboten. Fastfood ist durch schnellen Service und standardisierte, gleich bleibende Qualität charakterisiert. Es wird häufig als Zwischenmahlzeit gegessen, obwohl der Energiegehalt eher dem einer Hauptmahlzeit entspricht.

Imbissbuden

Die ersten Imbissbuden wurden gegen Ende des 19. Jahrhunderts gegründet. In Berlin gab es den Wurstmaxe, Wien hatte seine Gulaschhütten und in den Pariser Markthallen wurde Zwiebelsuppe angeboten.

Hamburger, Pommes und Currywurst im Vergleich

Produkte Portion	Energie kJ	Kohlen- hydrate g	Fette g	Eiweiß g	Vitamin B_1 mg	Calcium mg	Eisen mg
Currywurst mit Pommes frites	3560	48	62	17	0,6	17	3,4
Big Mäc mit Pommes frites	3230	79	35	27	0,3	123	4,8
Pommes frites mit Majonäse	1900	43	27	5	0,2	12	2,4
Pommes frites mit Ketchup	1480	46	15	5	0,2	13	2,4
Hamburger, einfach	1100	36	7	12	0,1	42	1,6
Hamburger, vollwertig	1764	54	8	19	1,3	56	5

Hamburger à la Vollwert

Fastfood enthält einerseits zu viel Fett, Salz, künstliche Würzmischungen und Zusatzstoffe, andererseits zu wenig Vitamine, Mineralstoffe und Ballaststoffe, obwohl sich die Fastfood-Anbieter um eine große Produktpalette bemühen.

Im Fastfood-Restaurant wird auf Tischkultur weitgehend verzichtet: In der Regel isst man mit den Fingern direkt aus den Einwegverpackungen. Das ist zwar praktisch für Berufstätige mit kurzer Mittagspause, für einen kurzen Treff unter Jugendlichen, gelegentlich für einen Single-Haushalt oder eine gestresste Mutter mit kleinen Kindern. Mit einem gepflegten Tisch zu Hause oder einem Besuch im Restaurant kann man das aber nicht vergleichen. Bei einer längeren gemütlichen Unterhaltung in geselliger Runde möchte niemand ein Tablett mit Papierabfall vor sich stehen haben. Außerdem macht es auch Freude, einen Tisch schön zu decken – das ist ein Stück Kultur im Alltag.

Mögliche Fragen für ein Interview mit Gästen eines Fastfood-Lokals

- Welche Produkte werden als Fastfood angeboten?
- Warum gehen Sie in ein Fastfood-Lokal?
- Sind Sie mit dem Angebot an Speisen und Getränken zufrieden?
- Wo könnten Sie sich Verbesserungen vorstellen?
- Gibt es Gelegenheiten, bei denen Sie eine gemütlichere Umgebung vorziehen?
- Halten Sie Tischkultur für überflüssig?

Aufgaben

1 Beziehe Stellung zu den Sprechblasen.

2 Finde weitere Argumente pro und kontra Fastfood.

3 Bereitet Hamburger (vollwertig, s. Rezeptteil) und einen Salatteller der Saison selbst zu und beweist Tischkultur.

4 Bewerte Hamburger (vollwertig) mit deinem bisherigen Ernährungswissen.

5 Interviewe Passanten auf der Straße zu Fastfood.

Fastfood fehlen Ballaststoffe.

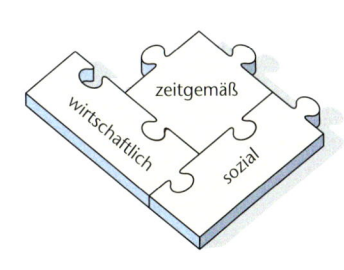

zeitgemäß – wirtschaftlich – sozial

Selbst hergestellte Schnellgerichte – konkurrenzlos gut

Wir verwenden frisches Fleisch und frischen Fisch, einheimischen Salat der Saison und bereiten die Soßen selbst zu.

Puten- oder Fisch-Nuggets mit Salat und Soßen	
Zutaten	Arbeitsschritte
400 g Putenbrustfilet etwas Pfeffer, Paprika oder	waschen, trockentupfen, würzen
400 g frischen Seelachs 1 Zitrone	säubern, säuern, salzen
	in mundgerechte Happen teilen
3–4 Essl. Mehl 1–2 Eier 3–4 Essl. Semmelbrösel	zum Panieren: wenden in Mehl, verquirltem Ei und Semmelbröseln
50 g Öl 1 Blattsalat der Saison	zum Ausbacken vorbereiten
Barbecue-Soße 1 Becher Crème fraîche 2 Teel. Zitronensaft 1 Teel. scharfer Senf 1 Bund fein geschnittenen Schnittlauch 2 Essl. Tomatenmark Salz, Zucker, Pfeffer nach Geschmack	steif schlagen unterziehen zufügen, unterheben
Curry-Ei-Soße 2 hart gekochte kalte Eier 1 Becher Crème fraîche 1/2 Teel. Curry Salz, Pfeffer, Zucker etwas Zitronensaft 1 Teel. gehackte Kräuter 1–2 Essl. Sahne oder Milch	schälen, fein hacken mischen und mit den gehackten Eiern vermengen

Tipp: Panierte Teile auf einer Platte und Soßen in Dip-Schalen anrichten. Reichlich Gemüse der Saison (z. B. Tomaten, Salatgurke) und Obst als Nachspeise dazu reichen.

Muss das sein? Wenig Soße, viel Verpackung und eine Menge Zusatzstoffe!

E 415 = Verdickungsmittel Xanthan, mikrobiologisch aus Zuckern fermentiert, in Einzelfällen kann es Allergien auslösen

❗ Frische, selbst hergestellte Speisen kommen ohne Zusatzstoffe aus.

Selbst hergestellte Speisen – schmackhaft und gesund

Im Vergleich zum Fertigprodukt schneiden frisch zubereitete Speisen deutlich besser ab. Denn mit der individuellen Auswahl der Zutaten, der Menge und der Qualität lassen sich Fett-, Eiweiß- und Vitamingehalt der Speisen wesentlich bestimmen. Zudem können auch Menschen mit Allergien ohne Bedenken und mit Genuss essen, da die Speisen frei von Zusatzstoffen sind.

Fastfood – kein echter Genuss

Wer häufig Fastfood isst, gewöhnt sich mehr und mehr an den immer gleich bleibenden Geschmack dieser Gerichte und verliert das natürliche Geschmacksempfinden. Fastfood-Hersteller setzen Zusatzstoffe (z. B. Geschmacksverstärker) zu und verwenden raffinierte Gewürzmischungen, deren intensiver Geschmack den geringen Eigengeschmack (etwa von Fleisch und Soßen) auszugleichen versucht.

Durch bewusstes Kosten und Schmecken kannst du deinen Geschmackssinn schulen und den natürlichen Eigengeschmack der naturbelassenen Lebensmittel wieder schätzen lernen.

Geschmacksverstärker wie z. B. Glutaminsäure 620 und Glutamate (621–625) werden industriell aus einer Meerespflanze und Zuckerrübenrückständen gewonnen und z. B. für Brühen, Soßen, Fertiggerichte und Getränke verwendet.

! Der Feinschmecker und Gesundheitsbewusste bevorzugt naturbelassene Lebensmittel.

! Wenn Fastfood, dann aber mit Frischgemüse aufwerten.

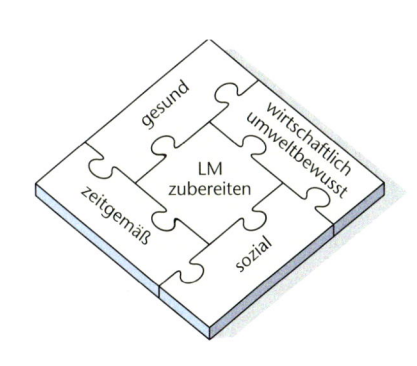

Geschmacksmerkmale zuordnen

Sensorisch prüfen	Typische Beispiele
süß	reifes Obst, Industriezucker, Marmelade, Honig
sauer	Zitrone, Essiggurken, unreife Äpfel, Orange
pikant	Soßen, Salate, Marinaden, Mixed Pickles
würzig	Fastfood-Gerichte, Räucherwaren, reifer Käse
knusprig	frische Semmeln, frisches Brot, Waffeln, Kruste vom Braten, panierte Teile
knackig	frische Salate, Würstchen, erntefrischer Apfel
wattig	Hamburgersemmel, frischer, gebackener Semmelteig, Schaumwaffeln
erfrischend	Minze, Zitronenmelisse, Zitronengetränk, Fruchteis, Orange, gekühlter Tee
fade	mindere Fleischqualität, abgestandene Getränke, aufgewärmte Speisen
fruchtig	Fruchtsalate, Fruchtkaltschale, Mango-Chutney
stumpf	Rhabarber, unreife Banane, Spinat
cremig	Sahnesoße, Cremesuppe, Nachspeisen

Aufgaben

1. Prüfe den Geschmack von frischem Gemüse und den fertigen Nuggets und ordne sie den Geschmacksmerkmalen (Tabelle) zu.
2. Teste „blind" „Currysoße Pikant" und die selbst hergestellte Soße.
3. Informiere dich anhand des Lernprogramms „Edi Kett" über Zusatzstoffe.
4. Bewerte selbst hergestellte Schnellgerichte nach Naturbelassenheit, Gesundheit, Zeit- und Kostenaufwand.
5. Stelle ein Rezept für vegetarische Nuggets zusammen.
6. Begründe den höheren Preis von Fertigprodukten. Beziehe dazu dein Wissen aus Arbeit – Wirtschaft – Technik mit ein.

3 Lebensmittel auswählen und verarbeiten

Garverfahren im Überblick

Damit Nährstoffe erhalten bleiben, gilt für alle Garverfahren: Gemüse nur bissfest garen und Speisen nicht unnötig warm halten.

Garziehen	Blanchieren	Garen/Schmelzen im Wasserbad
Garziehen ist ein Garen in reichlich Flüssigkeit unterhalb des Siedepunktes, damit die Form erhalten bleibt.	Blanchieren ist ein Kurzzeitgarprozess in kochendem Wasser mit anschließendem kaltem Abschrecken.	Gar- oder Schmelzgut befindet sich in einem Gefäß, das von heißem Wasser umgeben ist.
Beachte • Knödel ziehen bei offenem Topf gar. • Reis quillt im geschlossenen Topf. • Fisch in Soße und Kompott im Sud ziehen im geschlossenen Topf gar. • Die Stärke in den Lebensmitteln verkleistert bei 60–70 °C. • Das Eiweiß in Lebensmitteln gerinnt bei 70 °C.	• Nur zarte und einwandfreie Ware zum Blanchieren verwenden. • Blanchieren verstärkt die typische Farbe des Lebensmittels. • Blanchieren verhindert weitgehend Vitaminverluste während der Lagerung (Keime werden verringert).	• Das Garen und Schmelzen im Wasserbad ist nur für kleine Mengen geeignet. • Flüssigkeit darf nicht mit dem Lebensmittel in Berührung kommen.
Temperatur 75–95 °C	etwa 100 °C	80 °C
Anwendungsbereich Für alle stärkehaltigen Lebensmittel (Knödel, Reis, Nudeln) und für eiweißreiche Lebensmittel mit lockerer Zellstruktur, z. B. Fischfilet in Soße	Vorgaren von Gemüse, Pilzen und Obst außer Beeren; als Vorbereitung zum Tiefgefrieren	Eierstich, Schokolade, Lösen von Gelatine
Bewertung • Wird die Garziehflüssigkeit verwendet z. B als Soße, besteht kein Nährstoffverlust, wird sie weggeschüttet, z. B. Knödelwasser, besteht ein Nährstoffverlust.	• Blanchieren erhält weitgehend Farbe und Nährstoffgehalt, insbesondere Vitamine.	• Schmelzen von Schokolade und Lösen von Gelatine ist nicht nur im Wasserbad möglich, sondern auch in der Mikrowelle.
▲ Garen in Flüssigkeit	▲ Garen in Flüssigkeit	▲ Garen in Flüssigkeit

Garverfahren im Überblick

Braten in der Pfanne	Braten in der Röhre	Schmoren
Braten in der Pfanne ist ein Garen von Lebensmitteln in wenig heißem Fett.	Braten in der Röhre ist ein Garen mit oder ohne Fett in trockener, heißer Luft.	Schmoren ist ein starkes Anbraten in heißem Fett, unter Zugabe von heißer Flüssigkeit, weiterschmoren im geschlossenen Topf.
Beachte - Bratgut, z. B. Fleisch, in heißes, wasserfreies Fett geben, damit sich sofort die Poren schließen. - Bratgut nach dem Braten/Ausbacken zum Entfetten auf Küchenkrepp legen.	- Braten öfter wenden und begießen. - Vor dem Aufschneiden (gegen die Faser) den Braten ruhen lassen, damit der Saft einzieht. - Braten im Rohr ist bei offenem oder geschlossenem Deckel möglich.	- Schmoren verleiht den Lebensmitteln und der Soße einen intensiven Geschmack. - Schmorgerichte, z. B. Rouladen, können im herkömmlichen Topf oder mit Zeiteinsparung im Dampfdrucktopf zubereitet werden (erhebliche Energieeinsparung).
Temperatur 120–180 °C	170–230 °C	100–180 °C
Anwendungsbereich Zarte Fleischstücke zum Kurzbraten, Geschnetzeltes, Würste, Eierspeisen, Kartoffeln oder auch Ausbacken von Pfannkuchen oder Apfelküchlein	Für große Bratenstücke, Geflügel, ganze Fische, Wild	Sauerbraten, Gulasch, Rouladen, Schmorbraten aus Rindfleisch
Bewertung - Gebratenes ist schmackhaft, aber auch fett und schwer verdaulich.	- Kruste und Fett machen den Braten schmackhaft, aber auch schwer verdaulich.	- Nährstoff- und Wirkstoffverluste durch hohe Gartemperatur. - Starke Krustenbildung macht Geschmortes schwer verdaulich.
▲ **Garen mit Fett**	▲ **Garen in heißer Luft**	▲ **Garen mit Fett**

Weitere Garverfahren findest du in Band 7 auf den Seiten 92/93.

Garverfahren beeinflussen Aussehen, Geschmack und Bekömmlichkeit

Gerolltes aus Fisch und Fleisch – unterschiedlich gegart

Fischrouladen in Senfsoße – dazu schmecken Kräuterkartoffeln

Zutaten	Arbeitsschritte
4 Schollenfilets 1 Zitrone Salz	säubern, säuern, salzen
1 Essl. Senf etwas Pfeffer 100 g Magerquark 3 Essl. gehackte Kräuter	Fülle herstellen, damit Fischfilets (Hautseite innen) füllen, aufrollen und feststecken
1 Essl. Öl 1/8 l Sahne	erhitzen, Fischrollen andünsten zugeben, 10 Min. gar ziehen

Chinesische Putenrouladen – dazu schmeckt Reis

4 dünne Putenschnitzel 1 Zitrone (Saft) Salz, Pfeffer	waschen, trocknen würzen
2 Essl. Sojasoße 1 Stück Lauch 1–2 gelbe Rüben	auf Schnitzel verteilen Gemüse vorbereiten, fein zerkleinern
2 Essl. Sprossen	zugeben, Fülle auf Fleisch verteilen Rollen formen, feststecken, in
2 Essl. Öl 300 ml Brühe	anbraten, mit nach und nach aufgießen und 10 Minuten dünsten

Rinderrouladen, bunt gefüllt – dazu schmecken Spätzle

4 Rindsrouladen 1 Essl. Senf, mittelscharf Salz, Pfeffer 4 Scheiben Speck	mit bestreichen würzen auflegen
je 1/2 rote, gelbe Paprika- schote, Salatgurke oder Essiggurke, 1 Bund Petersilie	fein würfeln/fein hacken
	Fleisch füllen, aufrollen, feststecken, mit
2 Essl. heißem Fett 1/2 l Brühe	im Dampfdrucktopf anschmoren aufgießen und 15 Min. garen

Tipp: Zum Abschmecken der Soßen Sahne/Crème fraîche verwenden.

! Dünsten ist ein schonendes Garverfahren.

Garverfahren im Vergleich

Dünsten ist ein schonendes Garverfahren, bei dem sich kaum Röststoffe bilden. Daher sind gedünstete Speisen wie z. B. Fischrouladen leicht bekömmlich und gut verdaulich. Die in der Soße gelösten Nähr- und Wirkstoffe bleiben weitgehend erhalten und werden verzehrt. Dünsten ist ein Garverfahren für die ernährungsbewusste Küche und für alle Kostformen geeignet. Darüber hinaus ist es zeit- und energiesparender als Kochen. Zudem bleiben der typische Geschmack und die Farbe der Lebensmittel erhalten. Dünsten ist ein Garen in wenig Fett, wenig Flüssigkeit und im eigenen Saft.

Beim **Braten** schließen sich im heißen Fett sofort die Poren. Das Bratgut behält so seinen Eigengeschmack. Es bilden sich Röststoffe wie z. B. bei den Putenrouladen, eine appetitliche Braunfärbung und ein intensiver Geschmack – auch für die Soße. Die hohen Temperaturen beim Braten verursachen Nährstoffverluste. Gebratene Lebensmittel sind schwerer verdaulich und eignen sich nicht für die Schonkost.
Braten ist ein Garen in wenig heißem Fett oder in heißer Luft.

Beim **Schmoren** werden die Lebensmittel stark angebraten, dabei bilden sich starke Röststoffe, eine dunkle Farbe, intensiver Geschmack als Voraussetzung für dunkle, schmackhafte Soßen. Nähr- und Wirkstoffe werden durch die hohe Schmortemperatur geschädigt. Die starke Röststoffbildung macht Schmorgerichte wenig bekömmlich und schwer verdaulich.
Schmoren ist ein kräftiges Anbraten in heißem Fett. Unter Zugabe von wenig Flüssigkeit schmoren die Lebensmittel weiter im geschlossenen Topf.

Produkte aus der Scholle: ganz mit oder ohne abgetrenntem Kopf, küchenfertig, aufgeklappt zum Füllen, gefülltes Filet, geräuchert oder Filetröllchen

Die Scholle
Die Scholle hat unter den zahlreichen Plattfischarten die wirtschaftlich größte Bedeutung. Sie ist durchschnittlich zwischen 30 und 40 Zentimeter lang. Die wichtigen Fanggründe liegen in der Nordsee und der westlichen Ostsee.

Die Oberschale vom Rind ist zum Dünsten, Schmoren, Braten und Kurzbraten geeignet

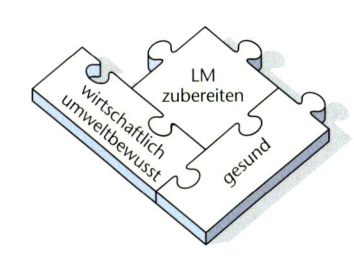

Nährwert im Vergleich (je 100 g)

Lebensmittel	Eiweiß	Fett	Kohlenhydrate	Mineralstoffe		Vitamine	
				Eisen	Kalzium	B_1	B_2
Fisch/Scholle	17 g	1 g	0 g	0,9 mg	61 mg	0,2 mg	0,2 mg
Putenfleisch	22 g	7 g	+	4,2 mg	27 mg	0,1 mg	0,1 mg
Rindfleisch	21 g	7 g	+	2,6 mg	13 mg	0,1 mg	0,2 mg

Aufgaben

1. Lies die drei Rezepte und bewerte die Garverfahren nach ihrem gesundheitlichen Wert. Schlage dazu auch die Übersicht über Garverfahren Seite 62/63 nach.
2. Suche Gerichte mit dem Garverfahren Dünsten.
3. Ergänze die angegebenen Rezepte mit Beilagen nach den Grundsätzen der mediterranen Küche.
4. Vergleiche die Garverfahren ohne Fett mit den Garverfahren mit Fett unter gesundheitlichem Aspekt und gestalte ein Plakat.

3 Lebensmittel auswählen und verarbeiten

Geräte mit Verstand nutzen

Zehn Kilo ungespritzte Äpfel sind in der Schulküche zu verarbeiten. Dazu steht nur eine Unterrichteinheit zur Verfügung. Mit der Küchenmaschine ist das leicht zu schaffen!

! Bei großen Mengen lohnt der Einsatz elektrischer Maschinen.

Grundrezept Strudelteig

Zutaten	Arbeitsschritte
250 g Mehl 1 Ei 1 Essl. Öl 1 Prise Salz 1/8 l lauwarmes Wasser	Alle Zutaten erst in der Schüssel mit dem elektrischen Rührgerät (Knethaken), dann mit den Händen zum Teig kneten. Teig auf Backbrett so lange schlagen, bis er glatt und glänzend ist und „eine Zunge schlägt". Teigkugel formen, mit Öl bestreichen, abdecken und 30 Minuten ruhen lassen.

Apfelstrudel

Zutaten	Arbeitsschritte
Grundrezept Strudelteig oder 1 P. Fertigstrudelteig oder 1 P. TK-Blätterteig 1 1/2 kg Äpfel	waschen, (nicht) schälen, entkernen in feine Scheiben schneiden (mit Hand oder Maschine)
evtl. 50 g Sultaninen 50 g gehackte Nüsse 80 g Zucker 1 Messerspitze Zimt 1 unbehandelte Zitrone (Schale)	Alle Geschmackszutaten mit den Apfelscheiben mischen und kurz durchziehen lassen.
4 Essl. zerlassene Butter 1 Becher Sauerrahm evtl. 1/8 l heiße Milch	Strudelteig ausziehen bzw. auslegen, mit Butter und Sauerrahm bestreichen, Apfelfülle darauf verteilen, Teigenden einschlagen und aufrollen. Bei 200 °C, Heißluft, ca. 45 Min. backen, zwischendurch mit heißer Milch bestreichen.

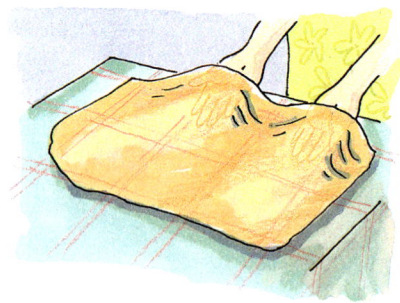

! Setze elektrische Maschinen nach Bedienungsanleitung ein.

(1) Strudelteig auf einem Tuch dünn ausziehen

(2) Strudelteig mit Fülle mithilfe des Tuches aufrollen

(3) Strudel auf Blech geben

Küchenmaschine – ja oder nein?

84 % der bundesdeutschen Haushalte besitzen ein elektrisches Handrührgerät und 33 % eine Küchenmaschine. Sie sind in vielen Haushalten ein unentbehrlicher Helfer bei der Nahrungsvor- und -zubereitung.

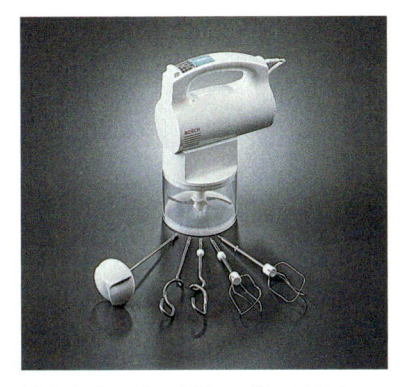

Elektrisches Handrührgerät mit Zubehörteilen

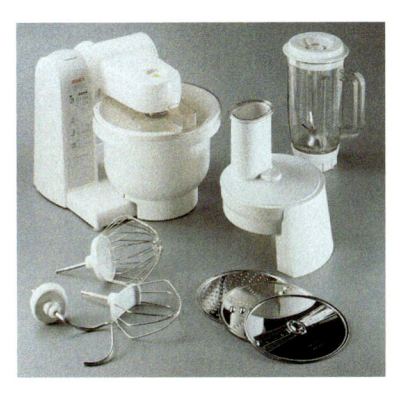

Elektrische Küchenmaschine mit Zubehörteilen

Vielseitige Einsatzmöglichkeiten

Die Küchenmaschine eignet sich zum

Kneten	▶	Knetteige
Rühren	▶	Rührteige
Schlagen	▶	Sahne
Quirlen	▶	Waffelteig
Mixen	▶	Getränke
Schnitzeln	▶	Gemüse
Raspeln	▶	Gemüse
Reiben	▶	Kartoffeln
Schneiden	▶	Brot
Passieren	▶	Suppe
Pürieren	▶	Obst
Entsaften	▶	Obst
Hacken	▶	Nüsse
Mahlen	▶	Getreide
Durchdrehen	▶	Fleisch

Wenn auch alle in der Küche anfallenden Arbeiten von Hand getan werden können, so sind heute doch elektrische Geräte im Haushalt zur Kraft- und Zeitersparnis unerlässlich. Für den kleineren Haushalt genügt ein elektrisches Handrührgerät, während für die Vorbereitung größerer Mengen eine Küchenmaschine vorteilhaft ist. Die Maschine ist nur dann schnell betriebsbereit, wenn sie einen festen Platz auf der Arbeitsfläche in der Küche hat und nicht erst aus dem Schrank geholt und aufgebaut werden muss. Küchenmaschinen sind Mehrzweckgeräte. Sie ersetzen mehrere Einzweckgeräte, wodurch bei der Herstellung weniger Material und Energie eingesetzt werden muss. Zudem entsteht weniger und seltener Müll bei der Entsorgung.

Unfallvermeidung ist oberstes Gebot. !

Grundausstattung der Küchenmaschine

Zur Grundausstattung der Küchenmaschine gehören das Reib- und Schnitzelwerk sowie der Mixaufsatz. Je nach Bedarf kann die Küchenmaschine mit Zusatzgeräten wie Fleischwolf, Zitruspresse, Saftzentrifuge und Getreidemühle erweitert und damit vielfältiger eingesetzt werden.

Überlegter Einsatz von Technik schont die Umwelt. !

Aufgaben

1. Lies in der Bedienungsanleitung der Küchenmaschine nach und erkläre, wie die Teile der Maschine heißen.
2. Erprobe den Zusammenbau der Küchenmaschine anhand der Bedienungsanleitung (ohne Netzanschluss).
3. Nenne wirtschaftliche, umweltbewusste und ergonomische Aspekte zum Maschineneinsatz.

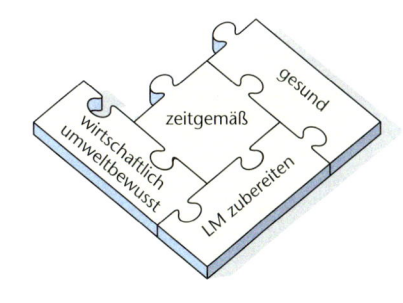

3 Lebensmittel auswählen und verarbeiten

Mikrowelle – kleine Wellen ganz groß

Geschirrtest für die Mikrowelle
Stelle das leere Geschirr 5–20 Sekunden in das Mikrowellengerät. Bleibt es kalt oder wird es nur handwarm, so ist es geeignet; wird es sehr heiß oder siehst du sogar Funken, ist es ungeeignet.

Vom Singlehaushalt bis zum Großfamilienhaushalt lässt sich das Mikrowellengerät vielfältig, zeit- und energiesparend nützen.

Alfred: Heute hätte ich Appetit auf einen Teller heiße Suppe! Aber der Herd funktioniert nicht! Was mache ich nur?
Sigrid: Nimm doch die Mikrowelle.
Alfred: Du hast Recht! Die Mikrowelle ist doch ein ganz sinnvolles Zusatzgerät.

Spinat-Käse-Suppe	
Zutaten	Arbeitsschritte
20 g Öl 1 Zwiebel	in mikrowellengeeignete Schüssel geben würfeln, zugeben, in der Mikrowelle bei 600 Watt 2 Min. andünsten
1 P. TK-Spinat 1/2 l Brühe	zugeben und mit etwas Brühe 8 Min. bei 600 Watt auftauen lassen, danach durchrühren und restliche Brühe zugeben
Salz, Pfeffer, Muskat	würzen
100 g Käse (evtl. junger Gouda)	reiben und zugeben
	Suppe 5 Min. bei 600 Watt garen
1/2 Becher Sahne	zum Abschmecken und Anrichten
2 Scheiben Toastbrot etwas Butter	würfeln in das mikrowellengeeignete Geschirr geben, Croûtons herstellen (2 Min. bei 600 Watt)
Tipp: Junger Gouda lässt sich reiben, wenn er kurz tiefgekühlt wurde. Croûtons lassen sich auch in der Mikrowelle herstellen.	

Eine schmackhafte Spinat-Käse-Suppe kann nicht nur auf dem Herd, sondern auch in der Mikrowelle zubereitet werden.
Wenn wir das Mikrowellengerät für unsere Suppe einsetzen, sparen wir Zeit und Energie und verkürzen Auftauzeit und Garzeit. Auch der Geschirraufwand ist geringer, da das mikrowellengeeignete Geschirr auch auf den gepflegten Mittagstisch passt.

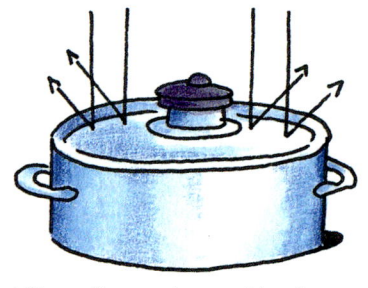

Das richtige Geschirr für die Mikrowelle

Auch wenn ein Spezialgeschirr für die Mikrowelle grundsätzlich nicht nötig ist, sind doch einige Besonderheiten zu beachten. Metallgefäße gehören nicht in die Mikrowelle, denn sie reflektieren die Mikrowellenstrahlung. Geeignet ist Geschirr aus Glas oder Porzellan ohne Metallrand, glasierte Keramikformen und hitzebeständiger Kunststoff sowie mikrowellengeeignete Pappe und Papier. Runde, große und nicht zu hohe Gefäße und Formen bringen das beste Garergebnis, da der Wasserdampf entweichen kann.

Mikrowellen durchdringen Glas, Porzellan, Keramik, Kunststoff

Mikrowellen werden von Metall zurückgeworfen

Mikrowelle – kleine Wellen ganz groß

Sicher garen in der Mikrowelle
Um Gefährdungen für den Benutzer auszuschließen, unterliegen Mikrowellengeräte strengen Sicherheitsanforderungen. Unabhängige Prüfinstitute (z. B. TÜV) überprüfen, ob die Prüfnormen eingehalten werden. Das Gehäuse der Mikrowelle ist so aufgebaut, dass keine Mikrowellen nach außen treten können. Die metallischen Wände und ein Lochgitter in der Tür reflektieren die Mikrowellen. Nur im Bereich der Türfuge kann wenig Mikrowellenenergie austreten, die so genannte Leckstrahlung. Der gesetzliche Grenzwert beträgt einen Bruchteil der Dosis, die der Mensch ohne Gesundheitsschädigung verkraften kann.

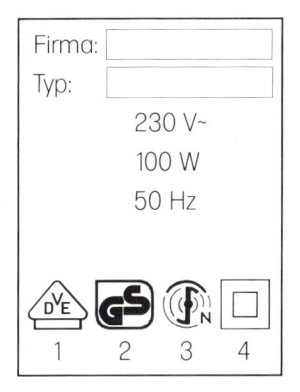

Typenschild mit Prüfzeichen

Hygienische Sicherheit
Durch die kurzen Garzeiten beim Mikrowellengaren sind die Nährstoffverluste gering, doch eine nährstoffschonende Zubereitung darf nicht zulasten der Hygiene gehen. In Speisen, die in einer Mikrowelle erhitzt wurden, insbesondere in Fisch, Geflügel, Fleisch und Fertiggerichten, fanden sich in Untersuchungen häufiger erhöhte Keimgehalte als in Speisen, die auf dem Herd zubereitet wurden. Es reicht oft nicht aus, Speisen nur auf Verzehrtemperatur (60–65 °C) zu erwärmen. Zur Abtötung von Krankheitserregern wie Salmonellen ist ein gleichmäßiges, mindestens zehnminütiges Erhitzen der Speisen bis zum Kern (70–80 °C) erforderlich. Dies gilt nicht nur für rohe und tiefgekühlte Produkte, sondern auch für Fertigprodukte.

Die Mikrowelle eignet sich besonders für Tiefkühlkost.

Was die Mikrowelle alles kann
Mikrowellen tauen die Lebensmittel von außen nach innen auf.

Auftauen	Dicke Stücke, ganzes Fischfilet, Spinatblöcke (mehrmals wenden)
Antauen	Gefriergut aus Einzelteilen (z. B. rohe Hähnchenteile, Beeren) Nach dem Antauen voneinander trennen.
Schmelzen	Schokolade, Butter
Erwärmen	Milch, Wasser, fertige Speisen in Portionen
Lösen	Gelatine
Garen	Fertigprodukte, kleine Portionen

Schokoladenpfirsich von der Mikrowelle auf den Tisch: 1 Pfirsich, 2 Stückchen Schokolade, Portionsschale
Zeit: 1 Minute

Aufgaben
1 Nenne geeignetes Geschirr für die Mikrowelle und begründe.
2 Nenne Sicherheitsbestimmungen und Hygienemaßnahmen beim Umgang mit der Mikrowelle.
m 3 Führt eine Diskussion über Vor- und Nachteile der Mikrowelle.

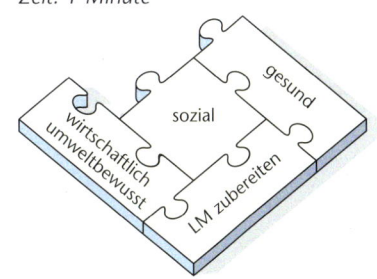

3 Lebensmittel auswählen und verarbeiten

Garverfahren gesundheitsbewusst auswählen

Im Supermarkt gab es heute ein Sonderangebot an fangfrischen Seefischen und dazu passende Rezeptvorschläge: Fisch paniert und gebacken, Fisch in pikanter Soße und Fisch gedünstet mit Gemüse.

Fisch nach der 3-S-Regel vorbereiten

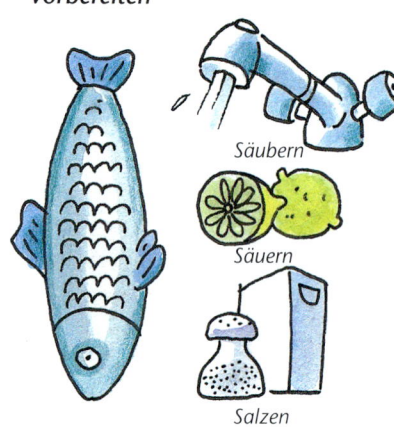

Säubern

Säuern

Salzen

Fischfilet in pikanter Soße

Zutaten	Arbeitsschritte
500 g Fischfilet, TK oder frisch (z. B. Seelachs)	säubern, in breite Streifen schneiden
1 Zitrone (Saft) wenig Salz, Pfeffer	mit Zitronensaft säuern und würzen
500–750 g Gemüse der Saison (z. B. Chicoree, Lauch)	Gemüse vorbereiten und blanchieren
etwas Fett 1 Bund gehackte Petersilie	Auflaufform fetten, Gemüse und Fisch abwechselnd einschichten, mit Petersilie bestreuen
Soße: 1 Becher Sahne $1/8$ l Milch 2–3 Eigelb	im Topf erhitzen, Geschmackszutaten zugeben und köcheln lassen verquirlen, in die nicht mehr kochende Soße einrühren, fertige Soße über den Fisch gießen, im Backrohr bei 200 °C (Heißluft 170 °C) etwa 25 Min. backen

Als Geschmackszutaten eignen sich:
1 kleine Dose Tomatenmark oder 3 Essl. mittelscharfer Senf oder 1 Teel. Curry oder 100 g Kapern oder gemischte Kräuter

Tipp: Als Beilage eignen sich Kartoffeln, Reis und Gemüse.

Auf das richtige Garverfahren kommt es an
Zwei weitere Fischgerichte stehen zur Wahl.

Gedünsteter Fisch Seite 126   **Gebackener Fisch**

! Fettarme Garverfahren sind ernährungsbewusst.

Fisch kann leicht oder schwer verdaulich sein.

Fisch ist nicht gleich Fisch

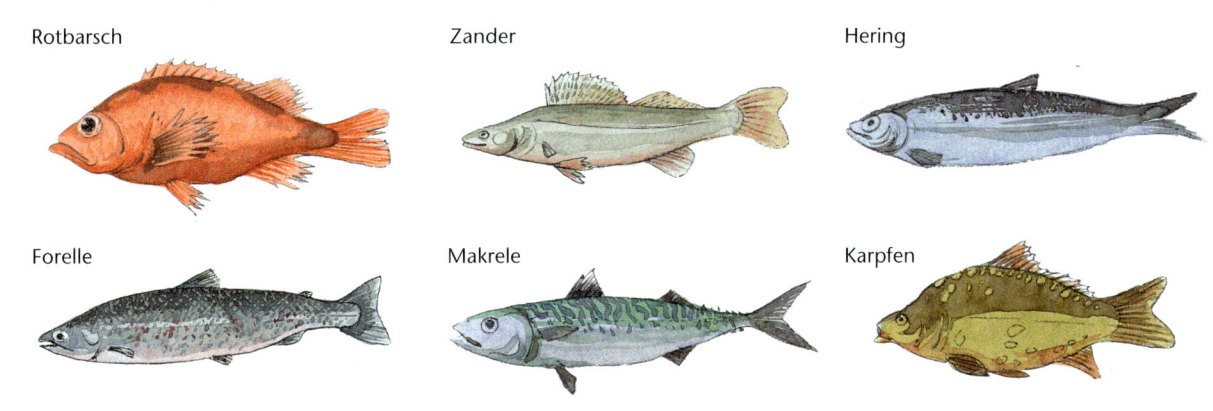

Rotbarsch

Zander

Hering

Forelle

Makrele

Karpfen

Fische werden nach ihrer Herkunft (Salzwasser, Süßwasser) und ihrem Fettgehalt eingeteilt: Magerfische sind z. B. Forelle und Zander (1 % Fett pro 100 g); Fettfische sind z. B. Makrele und Hering (von 4 bis 35 % Fett pro 100 g).

Der gesundheitliche Wert von Fisch

Das Fett der Fische ist reich an lebensnotwendigen, mehrfach ungesättigten Fettsäuren. Im menschlichen Körper dienen die lebensnotwendigen (essentiellen) ungesättigten Fettsäuren, z. B. die Omega-3-Fettsäuren, zur Durchblutung des Herzmuskels und beugen Blutgefäßablagerungen vor. Fische weisen einen hohen Gehalt an den fettlöslichen Vitaminen A und D auf. Aber auch die wasserlöslichen Vitamine der B-Gruppe sind in nennenswerten Mengen enthalten. Von den Mineralstoffen sind Kalium, Magnesium, Phosphor, Eisen und Selen vertreten. Nur Seefische enthalten zudem noch besonders hohe Mengen an Jod.

Das lockere und zarte Bindegewebe bei Fischfleisch bedingt die leichte Verdaulichkeit. Die Eiweißzusammensetzung von Lebensmitteln bestimmt ihre „biologische Wertigkeit". Das Fischeiweiß hat eine hohe biologische Wertigkeit von 98 %. Das heißt, wenn 500 g Fisch verzehrt werden, liefert dieser 100 g Fischeiweiß (z. B. Forelle, Rotbarsch). Der menschliche Körper kann aus diesen 100 g Fischeiweiß 98 g körpereigenes Eiweiß aufbauen.

> Fettfische liefern hochwertige ungesättigte Fettsäuren und Vitamine.

> Der Bedarf an Jod kann nur durch regelmäßigen Verzehr von Seefisch gedeckt werden.

> Fisch hat eine hohe biologische Wertigkeit.

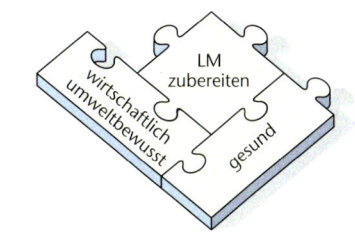

Aufgaben

1 Informiere dich über die biologische Wertigkeit von tierischen und pflanzlichen Lebensmitteln.

2 Erläutere die Umsetzung der Regel „nährstoffschonend zubereiten" der DGE.

3 Ermittle mit der Nährwerttabelle den Eiweißgehalt der Zutaten im Rezept.

4 Beurteile die drei Fischgerichte nach dem gesundheitlichen Wert.

3 Lebensmittel auswählen und verarbeiten

Speisen wirtschaftlich und gesundheitsbewusst zubereiten

! Bevorzuge selbst hergestellte Speisen, ergänze wenn nötig mit vorgefertigten Produkten.

In 60 Minuten soll ein fertiges Festmenü auf dem Tisch stehen. Nur mit überlegter Lebensmittelauswahl, sachgerechtem Einsatz von Dampfdrucktopf und Küchenmaschine und sinnvoller Arbeitsteilung gelingt das.

Braten (Grundrezept)

Zutaten	Arbeitsschritte
750 g Fleisch vom Schwein oder von der Pute	waschen, trockentupfen
2 Knoblauchzehen	durchpressen, auf dem Braten verteilen
1 Teel. Kümmel Salz, Pfeffer	mischen, würzen
3 Essl. Öl	im Dampfdrucktopf erhitzen, Fleisch anbraten
1–2 Bund Suppengrün 1–2 Zwiebeln	Suppengrün vorbereiten, zum Braten geben
¼ l heißes Wasser 1 Brüh- oder Bratenwürfel	aufgießen, ca. 20–30 Min. garen
etwas Brühe	aufgießen, anschließend im Bratentopf in der vorgeheizten Backröhre 15 Min. bräunen lassen
1 kleine rohe Kartoffel	fein reiben, Soße damit binden
	Braten gegen Faserrichtung in Scheiben schneiden und anrichten.

Als Beilage Blaukraut, Rezeptteil Seite 131

Kartoffelknödel aus gekochten Kartoffeln (Grundrezept)

Zutaten	Arbeitsschritte
1 kg mehlige Kartoffeln	kochen, pellen, durchpressen und auf dem Brett erkalten lassen
je 75 g Mehl und Grieß Salz, Pfeffer, Muskat 2 Eier	zugeben, locker abbröseln würzen, Mulde formen zugeben, rasch zu Teig verarbeiten, Teig portionieren und Knödel formen
reichlich kochendes Salzwasser	Probeknödel garen, wenn er nicht zerfällt, alle Knödel 15–20 Min. ziehen lassen
Tipp: Eine Rote-Rüben-Rohkost ergänzt das Gericht.	

Arbeitsteilung wie im Betrieb
1. Gruppe   Fleisch und Tisch decken
2. Gruppe   Fleisch und Tisch decken
3. Gruppe   Blaukraut
4. Gruppe   Knödel

Aufgaben

1 Lies die Rezepte und gegebenenfalls auch die Zubereitung auf vorgefertigten Produkten.

2 Wiederhole die Regeln zum sicheren Einsatz der Geräte und führe alle anfallenden Arbeiten aus.

3 Wandle das Festessen so ab, dass du Zeit einsparen kannst.

Das kostet ein Mittagessen

Jeder der Vier-Personen-Haushalte der Familien Aigner, Berger und Christ hat für den Sonntag das gleiche Menü gewählt. Lebensmittelauswahl und Zubereitung unterscheiden sich jedoch erheblich voneinander.
Bei Familie Aigner kocht die ganze Familie gerne, Vater, Mutter, Sohn, 16 Jahre, und Tochter, 18 Jahre. Familie Berger hat eine Tochter und einen Sohn, die beide Azubis sind. Bei Familie Christ feiert die Mutter mit Mann, Tochter (10 Jahre) und Sohn (13 Jahre) ihren Geburtstag.

! Wer bewusst mit dem Geld haushalten will, nimmt weniger Fremdleistung in Anspruch.

Familie Aigner Einkaufszettel: Kassenbon

750 g mageres Fleisch (Schwein oder Pute)	13,50
Knoblauch	0,70
Kümmel	1,30
Brühwürfel	1,99
Suppengrün	2,60
Zwiebeln	1,19
Kartoffeln	1,49
Crème fraiche	0,79
Muskat	1,30
6 Eier	1,99
1 kg Blaukraut	1,79
Butter	0,85
1 l Milch	0,79
Schokoraspel	2,49
	32,77

Familie Berger Einkaufszettel: Kassenbon

750 g Braten fertig vom Metzger	20,50
1 Packung Fertigsoße	1,99
2 Päckchen Kartoffelknödel	4,60
2 Tiefkühlpäckchen Blaukraut je 450 g	4,98
1 Gugelhupf-Marmorkuchen aus der Konditorei	17,50
1 Becher Sahne	0,35
	49,92

Familie Christ

Restaurant zur LINDE

Puten- oder Schweinebraten mit Kartoffel- oder Semmelknödel und Blaukraut oder Rote-Rüben-Rohkost	4 x 15,95 €
Gugelhupf mit Sahne	4 x 3,50 €
Mineralwasser	3 x 2,50 €
Bier vom Fass	1 x 2,90 €
	89,20 €

Der Einkauf frischer Ware ist kostengünstiger als die Verwendung von vorgefertigten Produkten. Die Differenz von 17,15 € wirkt auf den ersten Blick nicht so riesig. Umgerechnet auf die einzelnen Mahlzeiten am Tag, die Woche und das Jahr wirkt sich das unwirtschaftliche Haushalten jedoch ungünstig auf die Haushaltskasse aus. Der teure Restaurantbesuch kann für festliche Anlässe schon einmal gerechtfertigt sein. Kochen kann auch eine sinnvolle Freizeitgestaltung in der Familie sein.

Aufgaben

1. Entscheide dich für eine der Aufgaben: Braten mit Knödel und Kraut oder ein Gebäck aus Rühr- oder Mürbteig (siehe Seite 74/132).
2. Arbeite selbstständig und setze die Geräte sicher ein.
3. Beurteile Backmischungen und Kuchen aus dem Supermarkt.
4. Bewerte die Entscheidung der einzelnen Familien.

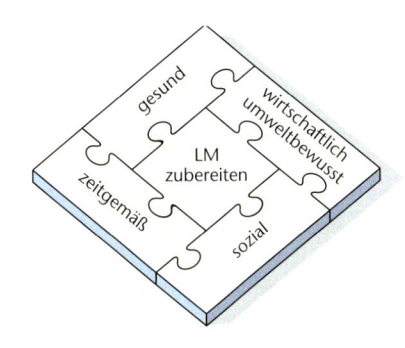

3 Lebensmittel auswählen und verarbeiten

Selbstständig arbeiten nach Anleitung

Rührteig (Grundrezept)
250 g Butter
150–200 g Zucker
1 P. Vanillezucker
1 Prise Salz
4 Eier
500 g Mehl
1 P. Backpulver
ca. $^1/_8$ l Milch
Fett für die Form

1. Butter und Zucker mit den Rührbesen des elektrischen Handrührgerätes schaumig rühren.

2. Nach und nach die Eier einzeln zugeben und jeweils die Masse cremig schlagen.

3. Das mit Backpulver gemischte Mehl zur Schaummasse geben und alles vermengen.

4. Der Teig fällt schwer reißend vom Rührbesen (richtige Teigbeschaffenheit).

5. Teig in vorbereitete Form füllen.

Mürbteig (Grundrezept)
250 g Mehl
125 g Butter
60 g Zucker
1 Ei
1 Prise Salz

1. In die große Mehlmulde Ei, Zucker, alle Geschmackszutaten und Butterstückchen geben.

2. Alle Zutaten mit dem Pfannenmesser oder der Teigkarte zerkleinern (hacken).

3. Bröselige Masse mit den Händen zusammenschieben.

4. Teig sehr rasch mit den Händen zum glatten Teig kneten, damit die Butter nicht schmilzt.

5. Geformte Teigkugel in Folie wickeln und in den Kühlschrank stellen.

4 Der private Haushalt als Ursprung vieler Berufe

4 Der private Haushalt als Ursprung vieler Berufe

Arbeiten im hauswirtschaftlichen Bereich

Im privaten Haushalt werden viele verschiedene Berufe ausgeübt.

Ein privater Haushalt erfüllt vielfältige Aufgaben

Dieses Kapitel zeigt die Vielfalt dieser Tätigkeiten auf und informiert über Berufe in den Bereichen, die dem privaten Haushalt entsprechen: Ernährung, Gastgewerbe, Gesundheit und Pflege.
In Verbindung mit dem Fach Arbeit – Wirtschaft – Technik können im Betriebspraktikum die beruflichen Neigungen und Eignungen erkannt und das Interesse geweckt werden. Nur in der Praxis können die persönlichen Neigungen und Eignungen mit den Erwartungen und Anforderungen im Beruf verglichen und überprüft und falsche Vorstellungen korrigiert werden.

Gesellschaft

- Arbeitsplanung
- Finanzplanung
- Einkauf
- Erziehung von Kindern
- Ernährung
- Umwelt → Gesundheitsvorsorge
- **Vielfalt der Tätigkeiten im Haushalt**
- ← Umwelt
- Gestaltung der Freizeit
- Betreuung von alten, kranken und behinderten Menschen
- Kleider- und Wäschepflege
- Wohnungspflege

Gesellschaft

Diese Arbeiten führen der Hausmann/die Hausfrau im eigenen Haushalt im Interesse der Familie unentgeltlich aus.

Der Ausbildungsberuf Hauswirtschafter/Hauswirtschafterin

Die Tätigkeit des Hauswirtschafters/der Hauswirtschafterin ist der Aufgabe des Hausmannes/der Hausfrau am ähnlichsten.
Der gelernte Hauswirtschafter/die gelernte Hauswirtschafterin arbeitet in einem fremden Haushalt oder einem Großbetrieb und verdient sich damit sein/ihr Geld zum Lebensunterhalt. Wer gerne im Haushalt verantwortlich und selbstständig schalten und walten will, kann sein Wissen und Können in der Haushaltsführung sowie sein persönliches Engagement in einem anspruchsvollen fremden Familienhaushalt individuell einbringen.

Arbeiten im hauswirtschaftlichen Bereich

Praktikum bei einer ausgebildeten Hauswirtschafterin

Im Haushalt von Dr. Mikasch arbeitet Frau Emsig als Hauswirtschafterin. Das Ehepaar arbeitet in der eigenen Arztpraxis und überlässt die Haushaltsführung ganz ihrer Angestellten. Frau Emsig ist eine Vertrauensperson im Haushalt und genießt Familienanschluss. Die Kinder Julia und Melvin betreut Frau Emsig bis 18 Uhr. In Ausnahmefällen, wie bei Gästebewirtung, übernachtet Frau Emsig bei Familie Mikasch.

Erwünscht ist Hauptschulabschluss, noch besser qualifizierender Hauptschulabschluss.

Ein typischer Arbeitstag von Frau Emsig

Zeit	Anfallende Arbeiten	Verhaltensweisen, Wissen und Können
06:00	Mülltonne zur Straße bringen Frühstück bereiten	Pünktlichkeit, Ernährungsgrundlagen
06:30	Frühstück mit Familie Mikasch Arbeitsbesprechung mit Frau Mikasch	Umgangsformen, Tischsitten
07:15	Julia zur Grundschule und Melvin zur Bushaltestelle fahren Einkäufe erledigen und Haushaltsbuchführung	Pünktlichkeit, Sicherheit/Zuverlässigkeit, wirtschaftliches Haushalten, PC-Kenntnisse
08:45	Wäsche-, Raumpflege, Blumen gießen Käsegebäck für Gäste backen Mittagessen: Lasagne, Salat, Jogurtcreme Tisch decken	Materialkenntnisse, planvolles Arbeiten nach Zeit, Hygiene, Ernährungsgrundlagen, Geschmacksempfinden, ästhetisches Empfinden
12:00	Julia abholen Mittagessen mit Julia	Pünktlichkeit, Kontaktfreudigkeit, Tischsitten
13:30	Mittagessen Eltern/Sohn Mittagspause	Pünktlichkeit, Bescheidenheit, zurücktreten können
14:15	Hausarbeit, Bügeln, Reißverschluss in Jeans nähen	Materialkenntnisse, sachgerechter Geräteeinsatz, Nähkenntnisse
16:30	Hausaufgabenkontrolle, mit Julia spielen, unterhalten	Betreuen, Einfühlungsvermögen, Allgemeinbildung
17:30	Abendessen vorbereiten Gästetisch decken	Ernährungsgrundlagen, Bewirten, Umgangsformen

Der Arbeitstag der Hauswirtschafterin Frau Emsig ist ausgefüllt mit einer Vielzahl anspruchsvoller Aufgaben und Routinearbeiten, die durch sinnvolles Ineinanderarbeiten zu organisieren sind.

Aufgaben

1 Nenne Tätigkeiten des Hauswirtschafters/der Hauswirtschafterin, die du im HsB-Unterricht bereits gelernt hast.

2 Überlege, welche Verhaltensweisen und Umgangsformen in jedem Beruf erwartet werden, und begründe.

3 Informiere dich im Internet über die Ausbildungsmöglichkeit zur Hauswirtschafterin/zum Hauswirtschafter.

m 4 Bringe dein Wissen aus AWT ein und gestalte ein Plakat über hauswirtschaftliche, soziale und pflegerische Berufe.

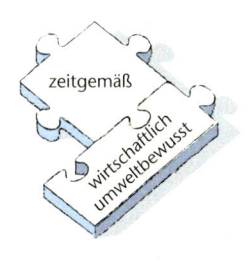

4 Der private Haushalt als Ursprung vieler Berufe

Anforderungen
- Freude am Kochen
- Gute Auffassungsgabe
- Fremdsprachenkenntnisse
- Koordination von Arbeitsabläufen
- Geschickte Hände
- Kreativität
- Hygienebewusstsein
- Ordnungssinn
- Geruchs- und Geschmackssinn
- Teamfähigkeit
- Gute Gesundheit (Arbeit vorwiegend im Stehen)

Sternekoch Holger Stromberg arbeitet nachdenklich am Powerbook

Der Koch/die Köchin bereitet Speisen professionell zu

Ob im Dorfgasthaus oder im internationalen Hotel, im Krankenhaus, Kurheim oder auf dem Kreuzfahrtschiff, in der Mensa oder im Düsenjet, die Qualität der Küche beeinflusst das Wohlbefinden. Die Verpflegung von Menschen ist die Aufgabe eines Kochs/einer Köchin.

Aufgaben und Tätigkeiten im Überblick

Die Anforderungen an diesen traditionsreichen Beruf sind immer umfangreicher geworden. In der deutschen Küche sind längst Gesundheits- und Umweltbewusstsein sowie internationale Vielfalt selbstverständlich. Aber nicht nur hinter dem Herd wird gebrutzelt, geschnitten und geschwitzt – ein Festmahl bedarf detaillierter Planung, die Einkaufs-, Vorrats- und Lagerhaltung umfasst. Bei allen Arbeiten werden geltende Hygienevorschriften eingehalten, denn die Gesundheit der Gäste steht an erster Stelle. Der Koch/die Köchin stellt Menüvorschläge kreativ zusammen und berät selbstverständlich die Gäste. Da Menschen täglich Hunger haben, arbeitet der Koch/die Köchin jeden Tag, also auch an Sonn- und Feiertagen.

Spezialisierung im Beruf Koch/Köchin

Für Vegetarier ist der Gemüsekoch, für Fischliebhaber der Fischkoch und für Schleckermäuler der Süßspeisenkoch zuständig. Der Diätkoch bereitet schmackhafte Schonkost zu. So entstehen im Team komplette Menüs.

- Speisen anrichten und garnieren

- Planen
- Verkaufspreise kalkulieren
- Speisekarten gestalten
- Informationen einholen
- Arbeitspläne aufstellen

- Speisen zubereiten
- Arbeitsplatz säubern
- Pflege der Arbeitsgeräte

- Lebensmittel einkaufen
- Lagerbestände überprüfen

78

Der Koch/die Köchin bereitet Speisen professionell zu

Koch/Köchin – ein anspruchsvoller Lehrberuf
In Deutschland ist Koch ein Ausbildungsberuf, der einen Hauptschulabschluss erfordert. In diesen drei Jahren, die in einem Betrieb und in der Berufsschule stattfinden, lernt ein angehender Koch/eine angehende Köchin neben der Nahrungszubereitung auch weitere Fertigkeiten und Kenntnisse, die mit der Küche zu tun haben. Wichtige Fächer für einen Koch/eine Köchin sind Ernährungslehre, Warenkunde, Lagerhaltung sowie Hygiene.

- Hauptschulabschluss
- Ausbildung
- Weiterbildung

Ein Rezept aus der feinen Küche
Nicht nur die Auswahl der Zutaten ist exquisit, sondern auch die Präsentation.

Fruchtsalat mit Mangopüree
(Salade de fruits à la purée de mango)

Zutaten	Arbeitsschritte
2–3 Nektarinen oder Pfirsiche	blanchieren
2–3 Kiwis	schälen, in feine Scheiben schneiden
1/4 Honigmelone	mit Kugelmesser Kugeln ausstechen
1 Sternfrucht	waschen, in Scheiben schneiden
Beeren der Saison, z. B. Erdbeeren, Himbeeren, Johannisbeeren, Stachelbeeren	kurz im kalten Wasser waschen
3 Essl. passierte Erdbeermarmelade	kreative Formen auf Teller spritzen
1 vollreife Mango 1/2 Zitrone (Saft) 1 Essl. Ahornsirup oder Honig	alle Zutaten zusammen pürieren und auf die Teller verteilen
Zum Garnieren: Kapstachelbeere Zitronenmelisse	Obst auf den Tellern anrichten und garnieren

Tipp: Dunkle Teller evtl. vor dem Anrichten mit Puderzucker besieben
Obst lässt sich je nach Saison farblich anders zusammenstellen.

Dressieren:
Anrichten, mit Spritzbeutel oder Tülle, einer Masse eine bestimmte Form geben.

Blanchieren:
Nektarinen oder Pfirsiche kurz in kochendes Wasser tauchen, abschrecken, um die Haut leichter abziehen zu können.

Aufgaben

1 Stelle Gemeinsamkeiten und Unterschiede zwischen den Tätigkeiten des Hauswirtschafters und des Kochs heraus.

2 Informiere dich im Internet oder im BIZ über die Anforderungen und Arbeitsbedingungen im Beruf Koch/Köchin.

3 Bringe deine Erfahrungen aus dem Betriebspraktikum aus der Restaurantküche ein und zeige gelernte Arbeitstechniken.

m 4 Informiere dich über die Ausbildungs- und Aufstiegsmöglichkeiten im Beruf Koch/Köchin.

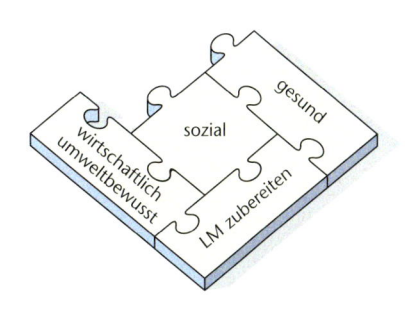

4 Der private Haushalt als Ursprung vieler Berufe

Bäcker/in und Konditor/in – zwei verwandte Berufe

Wer im Fach HsB und zu Hause gerne Kuchen bäckt und Nachspeisen zubereitet, kann sein Hobby zum Beruf machen.

Voraussetzungen, Ausbildung und Weiterbildung

Bäcker und Konditor sind zwei anerkannte Ausbildungsberufe im Berufsfeld Ernährung und Hauswirtschaft mit dem Schwerpunkt Back- und Süßwarenherstellung. Die dreijährige Ausbildung erfolgt im dualen System, also im Ausbildungsbetrieb und an der Berufsschule. Nach der neuen Handwerksordnung (HwO) können Bäcker und Konditoren sich nach einer sechsjährigen Gesellentätigkeit im zulassungspflichtigen Bäcker- und Konditorhandwerk selbstständig machen.

Bäcker arbeiten mit Hand und Kopf

Morgens um drei Uhr beginnt in der Backstube die Produktion für den Tag. Vom Korn bis zum fertigen Brot liegt alles in der Hand des Bäckers. Dazu zählt auch das Wissen über die sachgerechte Lagerung von Zutaten, über die Herstellung verschiedener Teige, Gärungs- und Backvorgänge bis hin zu Zusammensetzungen von Füllungen und Dekorationen. Der Bäcker bäckt neben einer Vielzahl verschiedener Semmeln und Brote auch Feingebäck. Neben dem Gefühl für die richtige Beschaffenheit der Teige braucht der Bäcker einen ausgeprägten Geruchs- und Geschmackssinn. Maschinen erleichtern in der Backstube viele Arbeitsabläufe. Teigrühr-, Portionier- und Formmaschinen, teilweise über Computer gesteuert, müssen beobachtet und vollelektronische Öfen beschickt, überwacht und gereinigt werden. Der Bäcker arbeitet heute mehr mit Köpfchen als mit reiner Muskelkraft, weshalb auch immer mehr Frauen diesen Beruf ergreifen.

Bäcker arbeiten mit Fantasie

Mit Können, Technik und cleverem Marketing stellen sich Bäcker auf das Geschmacks- und Gesundheitsbewusstsein der Kunden ein und bieten neue Produkte wie ballaststoffreiche Backwaren an.
Trotz moderner Technik ist im Bäckerhandwerk vieles Handarbeit. Mit dem Formen von Brezeln, Flechtgebäck oder figürlichem Gebäck und durch Glasieren und Garnieren von Feingebäck verleihen sie den Waren ein appetitliches Aussehen.

Tätigkeitsbereiche des Bäckers

In handwerklichen Bäckereien arbeitet der Bäcker überwiegend in der Backstube, gelegentlich auch im Bereich Verkauf und Bewirtung. In Großbäckereien der Nahrungsmittelindustrie ist der Bäcker in Produktionshallen tätig.

Mehr als 400 Brotsorten gibt es in Deutschland

! Bäcker – ein Beruf für ausgeschlafene junge Leute, die gern früh Feierabend haben.

Bäcker/in und Konditor/in – zwei verwandte Berufe

Konditoren verwöhnen Genießer

Die süßen Verlockungen der Konditoreien sollen nicht nur das Auge ansprechen, sondern auch gut schmecken und bekömmlich sein. Die Aufgaben sind umfangreich. Hochwertige Rohstoffe und Zutaten müssen ausgewählt, berechnet und abgemessen, Teige gerollt, geschnitten, eingeschlagen, geflochten, mit Füllungen bestrichen, auf Backbleche gespritzt und gebacken, Torten und Gebäcke garniert, glasiert oder gezuckert werden. Von verschiedenen Pralinen, Pasteten und feinen Gebäcksorten über Creme- und Obsttorten bis hin zum Baumkuchen und zu Eisspezialitäten reicht die Palette. Erlesene Vielfalt für den feinen Geschmack – mit Fantasie raffiniert zubereitet und präsentiert –, das erwartet der Kunde. Je nach Auftrag entwerfen Konditoren auch spezielle Verzierungen. Um eine geschmackvolle Gestaltung zu erzielen, setzen sie dabei zum Teil freie Entwürfe ein. Sie wissen auch mit modernen Maschinen, z. B. Rühr-, Knet-, Ausrollmaschinen, Gefrier- und Temperieranlagen umzugehen. Die Freude, im Team sauber und hygienisch zu arbeiten, ist auch beim Konditor selbstverständlich.

! Konditor – ein Beruf für junge Leute mit feinem Gaumen und künstlerischem Auge

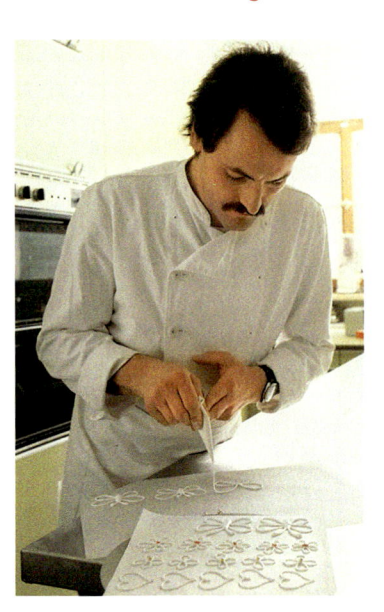

Dekorationen spritzen

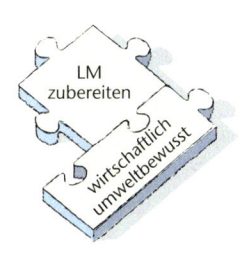

Arbeitszeiten der Konditoren

Damit alle Produkte rechtzeitig bis zur Geschäftsöffnung fertig sind, beginnt der Arbeitstag um sieben Uhr. Auch Arbeit an Wochenenden ist möglich, denn gerade da ist die Nachfrage nach Torten, Kuchen, Gebäck und Spezialitäten besonders groß. Überstunden fallen an im Advent, zu Weihnachten, bei Kommunion und Konfirmation oder in Fremdenverkehrsorten während der Saisonzeit.

Tätigkeitsbereiche des Konditors

Ihren Arbeitsplatz haben sie vor allem in Konditoreien, Confiserien, Cafés und Bäckereien. Sie sind überwiegend in der Backstube, aber auch im Bereich Verkauf und Bewirtung tätig. Konditoren können auch in großen Hotels und Restaurants sowie in der Back- und Süßwarenindustrie in der Abteilung für Produktionsentwicklung oder in Produktionshallen beschäftigt sein.

Aufgaben

1 Nenne Gemeinsamkeiten und Unterschiede im Beruf von Bäcker und Konditor.

2 Vergleiche die Anforderungen an beide Berufe.

3 Gehe in eine Bäckerei oder eine Konditorei und bitte den Meister um ein Gespräch über seinen Beruf.

4 Stellt aus Eiweißspritzglasur Dekorationen auf Vorrat her.

m 5 Erkundige dich, welche beruflichen Möglichkeiten der Bäcker oder Konditor als Geselle oder Meister hat.

LM zubereiten / wirtschaftlich umweltbewusst

81

4 Der private Haushalt als Ursprung vieler Berufe

Pflegeberufe sind sozial geprägt

In kaum einem anderen Beruf gibt es so viele und so unterschiedliche Arbeitsbereiche wie in der Pflege. Deshalb können auch die unterschiedlichen Neigungen, Begabungen und Fähigkeiten berücksichtigt werden.

Pflegeberufe – der Mensch steht im Mittelpunkt

Krankenpfleger/-in und Krankenpflegehelfer/-in sind immer in engem Kontakt zu Menschen. Sie sorgen für den Patienten und unternehmen alles, um seine Gesundheit zu fördern, Krankheit zu verhüten und seine Leiden zu lindern. Pflegeberufe sind Berufe fürs Leben – auch weil der Pflegeberuf krisensicher ist.

Elektronik unterstützt zwar bei vielen Aufgaben, aber Einfühlungsvermögen und Zuwendung – das ist nun mal nicht Sache der Mikrochips. Kranke und hilfsbedürftige Menschen – ob Kind, Jugendlicher, Erwachsener oder Senior – brauchen eine ganzheitliche Betreuung rund um die Uhr. Dazu gehören vor allem auch Kommunikation und persönliche Zuwendung. Im Gegenzug erfüllt es den Plegehelfer mit Zufriedenheit und Freude, wenn Menschen das Krankenhaus wieder gesund verlassen.

Tätigkeitsbereiche des Krankenpflegehelfers

Hilfe und Unterstützung bei alltäglichen Dingen – wie zum Beispiel bei der Nahrungsaufnahme, der Körperpflege, der Bewegung – oder vorbeugende pflegerisch-therapeutische Maßnahmen sind einige wichtige Aufgaben. Krankenpflegehelfer arbeiten sowohl in stationären Einrichtungen wie im Krankenhaus und auf der Pflegestation als auch bei ambulanten Pflegediensten. Gemeint ist hier die Betreuung von Menschen im häuslichen Bereich.

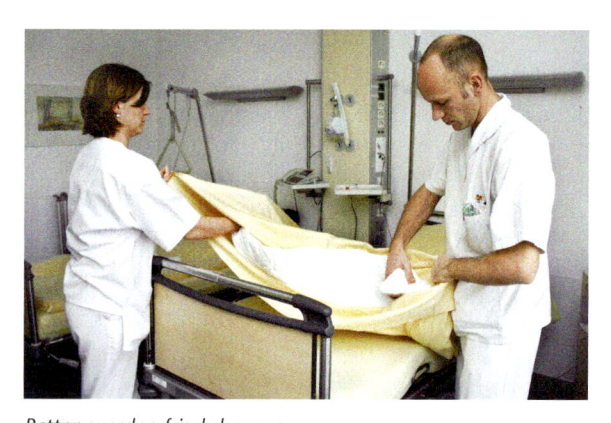

! Pflegeberufe erfordern Einfühlungsvermögen.

! Pflege ist Lebenshilfe.

Schichtdienst, Wochenend- und Feiertagsarbeit gehören zum beruflichen Alltag.

Arzt, examinierte Kräfte und Gesundheits- und Krankenpflegehelfer bilden ein Team.

Betten werden frisch bezogen

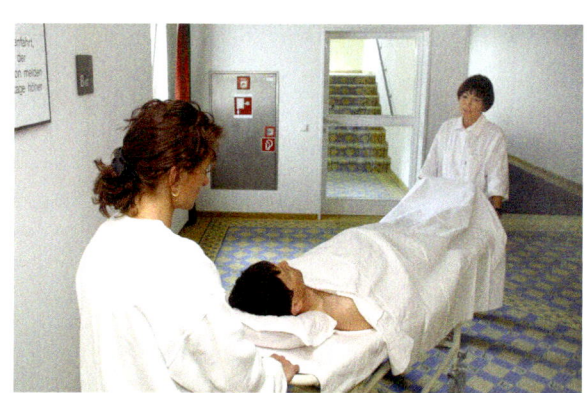

Ein Patient wird transportiert

Krankenpflegehelfer helfen bei der Nachtwache, aber auch bei der Pflegedokumentation und -organisation. Ihre Kenntnisse zum Thema Hygiene setzen sie in den Behandlungsräumen ein.

Pflegeberufe sind sozial geprägt

Ein typischer Arbeitstag des Krankenpflegehelfers Marcel

Uhrzeit	Aufgaben und Tätigkeiten
06:30–08:00	Übergabe: Information über Patienten, besondere Vorkommnisse und spezielle Maßnahmen Patienten bei der Körperpflege behilflich sein. Betten machen, Fenster öffnen und lüften. Blutdruck messen bei Patienten mit Bluthochdruck und die Messergebnisse in das vorgesehene Protokoll eintragen; bei zu hohen Werten wird die Krankenschwester oder der Arzt informiert.
08:00	Frühstück auf der Station; einigen Patienten das Essen eingeben und Medikamente verabreichen.
09:00	Pause zum Frühstück
09:30–11:50	Zusammenarbeit mit Krankenschwestern, Pflegemaßnahmen; neue Patienten in die Zimmer einweisen, Ausfüllen der Aufnahmebögen, Körpertemperatur, Puls messen und in die Patientenkurve eintragen.
12:00	Mittagessen austeilen, Hilfestellung bei der Essenseinnahme, Tabletts abräumen. Bettlägerige Patienten werden umgelagert, damit sie nach dem Essen ruhen können.
bis zur Übergabe um ca. 14:30	Hol- und Bringdienste und Aufräumarbeiten erledigen; Spaziergänge und Unterhaltung mit Patienten.

Seit 1. Januar 2004 ist die Ausbildung in der Krankenpflegehilfe Ländersache. Neben der Berufsbezeichnung Krankenpflegehelfer/-in gibt es auch die Berufsbezeichnung Gesundheits- und Krankenpflegehelfer/-in.

Krankenpflege-, Kinder- und Altenpflegehelfer/-innen sollen:
- Freude im Umgang mit Menschen haben,
- körperliche Arbeit leisten können,
- verantwortungsbewusst und selbstständig handeln,
- praktisch-zupackend veranlagt sein,
- einfallsreich sein und improvisieren können.

Ausbildung zum Krankenpflegehelfer oder zur Krankenpflegehelferin

Eine abgeschlossene Ausbildung an einer Berufsfachschule ist Voraussetzung. Die stete Weiterentwicklung im Bereich der Krankenpflege setzt die Bereitschaft zur Weiterbildung voraus, um beruflich auf dem Laufenden zu bleiben. In Lehrgängen und Seminaren können Fragestellungen rund um die Krankenpflege, zur Notfallversorgung, zur EDV im Pflegedienst oder zur Krankenhaushygiene aktualisiert werden.

Hauptschulabschluss oder qualifizierender HS-Abschluss
Ausbildung
Weiterbildung

Spezialisierungen im Beruf:
Ambulanter Pflegehelfer
Nachtwache – Krankenhaus
Operationshelfer

Aufgaben

1. Nenne Eigenschaften, die ein Gesundheits- und Krankenpflegehelfer im Umgang mit Menschen entwickeln sollte.
2. Fasse den Tätigkeitsbereich der Krankenpflegehelferin zusammen.
3. Begründe die Notwendigkeit der Teamarbeit.
4. Nenne Vor- und Nachteile von Pflegeberufen.
5. Schreibe eine E-Mail an eine soziale Institution und frage nach ehrenamtlichen Tätigkeiten. Beziehe dein Wissen aus Religion ein.
6. Informiere dich über berufliche Aufstiegsmöglichkeiten der Krankenpflegehelferin/des Krankenpflegehelfers.

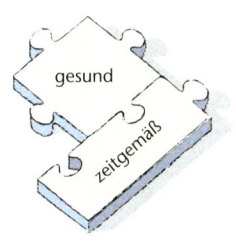

4 Der private Haushalt als Ursprung vieler Berufe

Auf diese Fähigkeiten (Schlüsselqualifikationen) kommt es an:
- Körperliche Leistungsfähigkeit
- Gesundheitliche Leistungsfähigkeit
- Räumliches Vorstellungsvermögen
- Mathematisches Denken
- Sprachbeherrschung
- Logisches Denken
- Kontaktfähigkeit
- Teamfähigkeit
- Ideenreichtum
- Hand- und Fingergeschick
- Selbstständigkeit
- Fähigkeit, Probleme zu erkennen und zu lösen
- Verantwortung übernehmen

Interessen aufspüren und Fähigkeiten reflektieren

Es gibt Eigenschaften und Fähigkeiten, so genannte Schlüsselqualifikationen, die für jeden Beruf erforderlich sind. Ein angenehmes Arbeitsklima zum Beispiel verlangt vom Einzelnen Umgangsformen. Darüber hinaus stellt jede Tätigkeit besondere, typische Anforderungen. Die Fähigkeiten, die du für diese Anforderungen brauchst, müssen besonders stark ausgeprägt sein.

Um richtig einschätzen zu können, ob die Anforderungen in einem Beruf den persönlichen Fähigkeiten entsprechen, gibt es mehrere Möglichkeiten:
- Sich vor Ort informieren und mit Arbeitern sprechen.
- Selbst ein Praktikum ableisten und damit Einblick in den Beruf gewinnen.
- Sich beraten lassen, z. B. bei der Bundesagentur für Arbeit.
- Sich einem freiwilligen psychologischen Test unterziehen, um Klarheit über eigene Stärken und Schwächen zu erhalten.

Café und Konditorei Süßmann

Betriebspraktikum des Schülers Alwin Jalic

Der Schüler erfreute durch pünktliches Erscheinen, sehr sauberes Arbeiten und exaktes Ausführen von Techniken. Sein Arbeitstempo zeigte, dass er noch Übungsbedarf hat. Zu Mitarbeitern unseres Betriebes war er stets freundlich und hilfsbereit. Der Kontakt zu Kunden war zuvorkommend. Er hat versucht, eigene Ideen einzubringen.

Ausbildung zur Hauswirtschafterin

Wir bieten:
- Modernen Hotelbetrieb
- Freundliche Ausbilder
- Eigenes Zimmer mit TV
- Geregelte Arbeitszeit
- Vergütung nach Tarif

Wir erwarten:
- Berufliches Interesse
- Leistungs- und Einsatzbereitschaft
- Freundliches und dynamisches Auftreten

Ihre freundliche Bewerbung mit Lichtbild schicken Sie an …

Café Schleckermaul

Bäcker und Konditor haben immer Konjunktur!

Wir suchen:
Zwei Lehrlinge für Bäckerei
Zwei Lehrlinge für Konditorei
ab September

- Quali erwünscht
- Voraussetzungen: Kreativität und Zuverlässigkeit
- Bezahlung nach Tarif
- Wohngelegenheit im Haus möglich
- Beschäftigung nach gut abgelegter Prüfung (Gesellenprüfung) zugesichert

Krankenpflegehelferin

Freundliche, aufgeschlossene und einfühlsame Krankenpflegehelferin nach München/Grünwald, Nähe U-Bahn, gesucht.

- Erfahrungen in stationärer und ambulanter Pflege sind erwünscht.
- Bezahlung nach Tarif
- Zimmer kann gestellt werden.
- Nach einer Probezeit ist eine Festanstellung möglich.

Schicken Sie Ihre Bewerbung mit Lebenslauf und Berufszeugnissen an …

Perspektiven suchen und nützen

Auch wenn die Ausbildungssituation auf dem Arbeitsmarkt nicht rosig aussieht, besteht kein Grund zur Panik. In schwierigen Zeiten kann jeder etwas tun, um die persönlichen beruflichen Aussichten zu verbessern.

Mögliche Alternativen bieten sich durch:
- Einstieg in einen ähnlichen Beruf
- Akzeptieren einer größeren Entfernung vom Wohnort oder Wohnen im Lehrlingsheim
- Dazulernen in einem Praktikum
- Ableisten eines sozialen Jahres
- Weiterbildung an der Volkshochschule

Stufen der Berufsentscheidung

- **BIZ** Berufsinformationszentrum vor Ort
- **BERUFEnet** Bundesagentur für Arbeit informiert in der Datenbank BERUFEnet ausführlich über Berufe.
- **IHK** Deutsche Industrie- und Handwerkskammer bietet Adressen und Informationen.
- **BIBB** Bundesinstitut für Berufsbildung bietet Informationen über Berufe.
- **ZDH** Zentralverband des deutschen Handwerks bietet Adressen.
- **aid** Broschüren über Berufe

Berufsentscheidung
- Welche schulischen Vorraussetzungen habe ich?
- Welcher Schulabschluss wird gefordert?
- Welche Fähigkeiten habe ich?
- informieren
- auswerten
- praktizieren
- reflektieren
- Welche Anforderungen werden gestellt?
- Was interessiert mich?
- Wo liegen meine Stärken?
- Wo liegen meine Schwächen?
- Welches Ziel strebe ich an?
- Welche Berufe bieten sich an?

Aufgaben

1. Notiere Fragen über deinen gewünschten Beruf, die du gezielt an den eingeladenen Berufsberater stellst.
2. Lies die drei Stelleninserate und nenne die Anforderungen an den jeweiligen Beruf.
3. Beurteile die Fähigkeiten und das Verhalten des Schülers Alwin im Betriebspraktikum der Konditorei.
4. Überlege dir Perspektiven, wenn du noch nicht gleich einen Ausbildungsplatz findest.
5. Beantworte die Fragen zur Selbsteinschätzung schriftlich, siehe Seite 92.
6. Gestalte ein Plakat über deine Erfahrungen und Erlebnisse im Betriebspraktikum. Stelle Vorteile und die besonderen Fähigkeiten in diesem Beruf heraus.

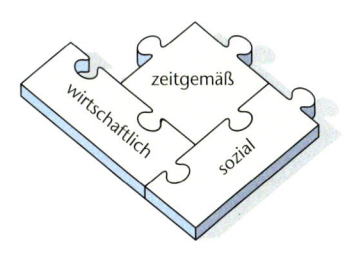

4 Der private Haushalt als Ursprung vieler Berufe

Hauswirtschaftliche Betriebsleitung als Einstieg zum Aufstieg

Wer den mittleren Bildungsabschluss oder einen gleichwertigen Bildungsstand vorweisen kann und im Berufsfeld Ernährung und Hauswirtschaft tätig werden möchte, kann sich zum hauswirtschaftlichen Betriebsleiter/zur Betriebsleiterin weiterqualifizieren und hat so die Voraussetzung, eine Führungsaufgabe zu übernehmen.

Mittlerer Bildungsabschluss
Ausbildung
Weiterbildung

Ausbildungsziel hauswirtschaftliche Betriebsleiterin

Während des zweijährigen Besuchs einer Berufsfachschule erwerben die Schüler/-innen die nötigen Kenntnisse und Fertigkeiten für den Berufseinstieg in den allgemein bildenden Fächern (Deutsch, Sozialkunde, Mathematik und Englisch), im fachtheoretischen Bereich (z. B. Ernährungs- und Nahrungsmittellehre, Arbeitsphysiologie, Betriebspsychologie, Physik, Chemie, Betriebswirtschaftslehre, Arbeits- und Sozialrecht, Berufs- und Arbeitspädagogik) und im fachpraktischen Unterricht (z. B. Geräte- und Maschinenkunde, Fertigungstechniken in der Hauswirtschaft, Anleiten von Praktikanten, Betriebsorganisation, Mikrobiologie, Geschäftsverkehr, Wirtschaftsrechnen, Datenverarbeitung). Ergänzt wird die Ausbildung durch Betriebspraktika. Je nach Angebot der Schule ist zum Beispiel der Erwerb von Zusatzberechtigungen wie die Fachhochschulreife möglich.

Schulische Ausbildung vermittelt:
- Allgemeinbildung
- Fachtheoretische Inhalte
- Fachpraktische Kenntnisse und Fertigkeiten
- Führungskompetenz

Start in eine Führungsposition

Nach dem erfolgreichen Abschluss der Ausbildung und entsprechender Berufserfahrung können hauswirtschaftliche Führungskräfte anspruchsvolle Leitungsaufgaben in hauswirtschaftlichen Großbetrieben wie Kinder-, Kur-, Seniorenheim, Krankenhäusern, Sanatorien, Kantinen, Hotels oder Bildungsstätten übernehmen.

! Tätigkeiten der hauswirtschaftlichen Betriebsleitung:
- Planung
- Organisation
- Anleitung von Mitarbeitern und Praktikanten
- Ausbildung von Hauswirtschafter/-in
- Mitwirkung bei Fortbildungen
- Hauswirtschaftliche praktische Tätigkeit (Umfang abhängig von der Betriebsgröße)

Tätigkeiten der hauswirtschaftlichen Betriebsleitung

Bestellungen werden aufgegeben, Arbeitspläne geschrieben

Kontrollieren der Wäschekammer

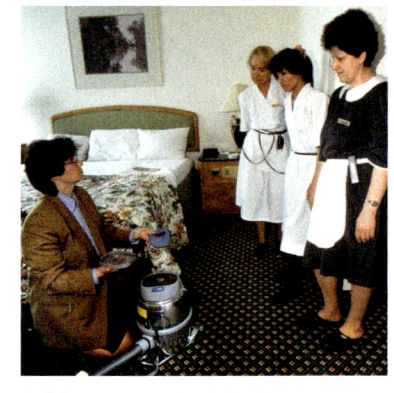

Anleitung von Mitarbeiterinnen

Hauswirtschaftliche Betriebsleitung als Einstieg zum Aufstieg

Hauswirtschaftliche Betriebsleitung verlangt Management

In mittleren oder kleineren Betrieben ist der hauswirtschaftliche Betriebsleiter für die Gesamtleitung verantwortlich. In Großbetrieben kann eine Spezialisierung auf Teilbereiche der Hauswirtschaft wie Einkauf, Vorratswirtschaft, Ernährung, Personalrestaurant, Haus und Wäsche oder Buchführung erfolgen.

> **!** Führungskräfte prägen wesentlich das Arbeits- und Betriebsklima und letztlich den Erfolg des Unternehmens.

Drei Teilbereiche der Leitung im Kurhotel Seeblick

Ernährung	Textilpflege	Wohnraum
- Planung des Personaleinsatzes - Kenntnisse über Waren, Lebensmittelgesetz - Verpflegungs- und Verteilungssysteme, Kostformen - Aufstellen von Speiseplänen - Lebensmittelbestellung, Einkauf - Nahrungszubereitung (praktische Durchführung, Anleiten von Auszubildenden und Hilfskräften) - ökonomische Vorratshaltung	- Planung des Personaleinsatzes - Material-, Produkt- und Gerätekenntnisse - Beschaffung der Betriebswäsche - Wartung, Lagerung und Verteilung der Wäsche - Planung, Organisation und Durchführung von Textilpflegearbeiten - Hygiene - Arbeitssicherheit - Tischkultur - Gerätewartung - Arbeitsplatzstudien	- Planung des Personaleinsatzes - Kenntnisse über Materialien und Pflegemittel - Gebrauchswerterhaltung - Planung, Organisation von Raumpflegearbeiten - Gestaltung von Wohn- und Arbeitsräumen - Kenntnisse über Arbeitsaufwand, Hygiene, Wirtschaftlichkeit, Zweckmäßigkeit

Perspektiven mit Weiterbildung

Um den Anforderungen im Beruf gerecht zu werden, ist es notwendig, immer über aktuelles Fachwissen zu verfügen sowie Neuerungen zu kennen und anzuwenden. Lebenslanges Lernen bestimmt das Berufsleben – besonders in Führungspositionen.

Für aufstrebende hauswirtschaftliche Betriebsleiter/-innen kann eine REFA-Ausbildung oder EDV-Schulung interessant sein. Bei entsprechender schulischer Vorbildung ist auch ein Studium beispielsweise in den Studiengängen Lebensmitteltechnologie oder Ernährungswissenschaften denkbar.

Hauswirtschaftliche Betriebsleiter können
- in einer Verbraucherzentrale beraten,
- in der Versuchsküche der Haushaltsgeräteindustrie Produkte erproben oder
- in der Werbeabteilung der Pflegemittelindustrie tätig sein.

Aufgaben

1. Vergleiche die Tätigkeiten eines Hauswirtschafters mit den Aufgabenbereichen eines hauswirtschaftlichen Betriebsleiters.
2. Fasse die Anforderungen an die hauswirtschaftliche Betriebsleitung zusammen und begründe deine Aussagen.
3. Hole weitere Informationen über Aufstiegsmöglichkeiten des hauswirtschaftlichen Betriebsleiters ein (z. B. Gespräch, Brief, E-Mail).
4. Formuliert Fragen, die ihr an den außerschulischen Experten stellt.

4 Der private Haushalt als Ursprung vieler Berufe

Professionelle Erziehung und Pflege mit Verantwortung

Mittlerer Bildungsabschluss
Ausbildung
Weiterbildung

Mit dem mittleren Bildungsabschluss ist der Zugang zu qualifizierten Ausbildungsgängen im Berufsfeld Gesundheit und Pflege möglich. Je nach Neigung und Interesse kann eine Berufausbildung mit dem Ziel Gesundheits- und Krankenpfleger/-in oder Altenpfleger/-in sowie Erzieher/-in in Betracht kommen.

Ausbildung zur Erzieherin oder zum Erzieher

Erzieher/innen sind nach den Lehrern/Lehrerinnen die zahlenmäßig größte Berufsgruppe im gesamten Bildungs-, Sozial- und Erziehungswesen.

Insgesamt dauert die Ausbildung an der Fachschule für Sozialpädagogik drei Jahre. Den Schwerpunkt der fachtheoretischen Ausbildung bilden die Fächer Pädagogik, Psychologie, Soziologie, Didaktik und Methodik, Medienpädagogik, Kinder- und Jugendliteratur, Umwelt- und Gesundheitserziehung, Recht, Musik, Sport, Spielpädagogik und Kunst. Dazu kommen die Fächer Deutsch, Sozialkunde und eine Fremdsprache. Auch Wahl- und Wahlpflichtfächer werden angeboten wie Heilpädagogik, Freizeitpädagogik, Heimpädagogik oder Jugendarbeit. Darüber hinaus gibt es die Möglichkeit zur Teilnahme am Zusatzunterricht zur Vorbereitung auf den Erwerb der Fach- oder allgemeinen Hochschulreife.

Der Anteil an Männern im Beruf Erzieher beträgt etwa 10 %.

Tätigkeitsbereiche der Erzieherin oder des Erziehers

! Erzieher/-innen sind wichtige Bezugspersonen für Kinder und Jugendliche.

Erzieher/-innen können in der vorschulischen Erziehung in Kindergärten oder in Heimen, in der außerschulischen Kinder- und Jugendarbeit sowie in einem SOS-Kinderdorf tätig sein. Träger dieser Einrichtungen sind beispielsweise Kommunen, freie Wohlfahrtsverbände oder kirchliche Organisationen. Zum Aufgabengebiet des Erziehers/der Erzieherin gehören neben der sozialpädagogischen Tätigkeit auch vielfältige Büroarbeiten.

! Erzieher/-innen sind wichtige Kooperationspartner der Eltern.

Ein Erziehungsbericht wird geschrieben

Zusammen planen

In Kindergärten betreuen sie Kinder in Gruppen, fördern das soziale Verhalten, die körperliche, geistige und musische Entwicklung und die Selbstständigkeit der Kinder.

Professionelle Erziehung und Pflege mit Verantwortung

Aktuelles zum Beruf Krankenpfleger/-in und Altenpfleger/-in
Die vom Bundesinstitut für Berufsbildung (BiBB) erarbeiteten Inhalte konkretisieren die Vorgaben des Krankenpflegegesetzes von 2004 für die schulische und praktische Berufsausbildung. Eckpunkte sind die Orientierung der Ausbildung an der täglichen Berufspraxis, die Integration der Krankenhilfe-Ausbildung und die Möglichkeit einer gemeinsamen Ausbildung der Berufe der Gesundheits- und Krankenpflege sowie der Altenpflege. Gelernt wird nicht mehr in traditionellen Unterrichtsfächern, sondern anhand von Themenbereichen und praxisorientierten Aufgaben.

Seit Januar 2004 haben bundesweit Krankenpfleger/-innen und Krankenschwestern eine neue Berufsbezeichnung: Gesundheits- und Krankenpfleger/-innen.

Tätigkeitsbereiche der Krankenpfleger/-in und Altenpfleger/-in
Sie sind überwiegend in Krankenhäusern, Kliniken, ambulanten häuslichen Pflegediensten oder Einrichtungen der Altenpflege und Rehabilitation, bei Hilfsorganisationen und ihren Gemeinden tätig. Ihr Arbeitsplatz dort ist meistens die Krankenstation beziehungsweise in der häuslichen Pflege die Patientenwohnung. Auch in Blutspendezentren und Arztpraxen sowie bei Krankenkassen, Kranken- und Pflegeversicherungen oder in Gesundheitsbehörden finden sie Beschäftigung. Arbeitsmöglichkeiten bieten sich auch in Krankenstationen größerer Unternehmen und auf Schiffen.

! Gesundheits-, Kranken- und Altenpfleger/-innen müssen
- Fachwissen und Fachkönnen haben,
- körperlich und psychisch belastbar sein,
- Verantwortung übernehmen können,
- einfühlsam mit Menschen umgehen,
- Verwaltungs- und Organisationsarbeiten auf der Station selbstständig ausführen können.

Tätigkeiten im Beruf Krankenpfleger/-in und Altenpfleger/-in

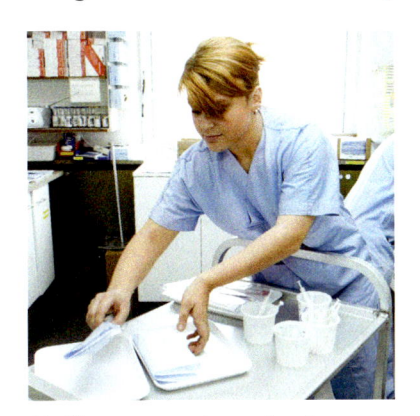

Medikamente werden vorbereitet

Pflegemaßnahmen werden geplant und dokumentiert

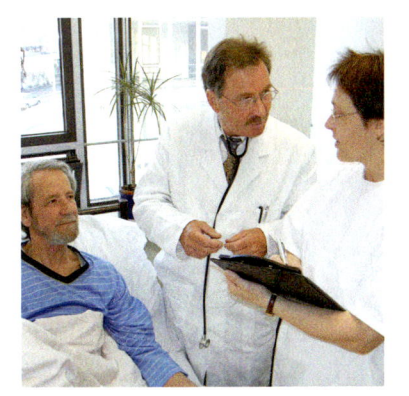

Krankenpfleger begleiten auch den Arzt auf der Visite

Aufgaben
1. Vergleiche die Tätigkeitsbereiche der drei vorgestellten Berufe.
2. Nenne Eigenschaften, die der Erzieher/die Erzieherin bei der Ausführung ihrer verantwortungsvollen Aufgaben braucht.
3. Vergleiche Gemeinsamkeiten und Unterschiede in der Kranken- und Altenpflege.
4. Informiere dich näher über Weiterbildungs- und Aufstiegsmöglichkeiten im Bereich Erziehung, Kranken- und Altenpflege.

! Kontakte knüpfen und Informationen einholen durch
- persönliche Gespräche,
- Telefongespräche,
- schriftliche Anfragen per Brief oder E-Mail.

4 Der private Haushalt als Ursprung vieler Berufe

Haushalt und Fachbetrieb
- planen
- kaufen ein
- verarbeiten
- bevorraten
- bewirten

Privathaushalt und Fachbetrieb im Vergleich

Der private Haushalt ist ein Allround-Betrieb. Im Gegensatz dazu sind Bäcker und Konditor Spezialisten auf ihrem Gebiet.

Frucht-Charlotte (Charlotte aux fraises)

Zutaten	Arbeitsschritte
Biskuitroulade 3 Eiweiß 75 g Zucker	zu Eischnee schlagen
3 Eigelb	verquirlen und unterheben
75 g Mehl 1 Msp. Backpulver	unterheben
1/2 Glas Marmelade	Teig auf Backblech geben, bei 180 °C 10 Min. backen, noch heiß mit Marmelade bestreichen, aufrollen und in 2 cm dicke Scheiben schneiden
Biskuitscheiben, TK oder frisch (siehe oben)	evtl. antauen, in die Form legen
Feine Vanillecreme 1/4 l Milch 1 Vanilleschote	aufkochen
4 Eigelb 100 g Zucker	cremig rühren und unter die Milch geben, erhitzen, bis die Creme bindet
4 Blatt Gelatine (kalt eingeweicht) evtl. 1 Essl. Rum	ausdrücken, zugeben, auflösen zugeben, Creme kalt stellen
1 Becher Sahne	schlagen, unter die gelierte Creme heben und in die Form füllen
250 g Früchte, z. B. Erdbeeren	vorbereiten, zur Creme geben
	restliche Biskuitscheiben auf Creme auflegen und kalt stellen
Zum Garnieren: Zitronenmelisse Schokolade, Früchte	Fruchtcharlotte stürzen und originell anrichten

! Bäcker und Konditor kalkulieren Preise, der private Haushalt nicht.

Aufgaben

1 Bringe Arbeitstechniken und Vorschläge zum Anrichten aus dem Betriebspraktikum ein.

2 Stelle Gemeinsamkeiten und Unterschiede in den Tätigkeiten zwischen Privathaushalt und Fachbetrieb heraus.

3 Vergleiche deine Vorstellungen vom Beruf Konditor/Bäcker vor und nach dem Praktikum.

Aktivitäten in Haushalt und Fachbetrieb

Die Aktivitäten im Privathaushalt und im Fachbetrieb zeigen Gemeinsamkeiten und Unterschiede. In der Konditorei werden größere Mengen verarbeitet und spezielle Maschinen eingesetzt, damit im Café und an der Verkaufstheke eine stets gleich bleibende Qualität angeboten werden kann. Jeder Betrieb muss mit Gewinn wirtschaften. Im Privathaushalt geht es darum, mit dem Einkommen auszukommen.

> **!** Betriebliche Arbeitsteilung ist rationell, spart Zeit, Kraft, steigert die Produktion und den Gewinn.

Privathaushalt	Fachbetrieb (Konditorei/Bäckerei)
Frucht-Charlotte einmal im Jahr zum Fest	Frucht-Charlotte täglich für das Café und zum Verkauf außer Haus
Planen kleiner Mengen	Planen großer Mengen
Einkauf geringer Mengen	Einkauf großer Mengen an Rohstoffen und Lebensmitteln
Einsatz des elektrischen Handrührgerätes	Einsatz von großen Rührmaschinen
Backen im Haushaltsofen	Backen in Spezialöfen
Aufschneiden der Biskuitroulade per Hand	Aufschneiden der Biskuitroulade durch Maschine
Creme im Kühlschrank kühlen	Creme im Kühlraum kühlen oder durch Temperiergerät
Dekoration selbst herstellen	Dekoration aus dem Vorrat

Dekorationen wie vom Profi

Blatt durch Kuvertüre ziehen, auf Pergamentpapier erstarren lassen

Aufgaben

1. Erprobe und demonstriere Anrichte- und Garnierungsmöglichkeiten mit Zutaten aus dem Rezept.
2. Ermittle im Café den Preis einer Portion Frucht-Charlotte und vergleiche mit der Eigenproduktion.
3. Führt in der Gruppe ein Gespräch über die Eindrücke während des Betriebspraktikums. Vergleicht Wünsche und Anforderungen.

LM zubereiten — wirtschaftlich umweltbewusst

4 Der private Haushalt als Ursprung vieler Berufe

Sich selbst beobachten und einschätzen lernen

Für die Berufsorientierung und Berufswahl kann es nützlich sein, in sich hineinzuhorchen und über die eigenen Interessen, Fähigkeiten und persönlichen Eigenschaften nachzudenken.

Kleine Typenkunde

Ich-weiß-nicht-Typ
Wie soll man in der Schule merken, wofür man sich besonders interessiert oder eignet?

Hat-doch-keinen-Sinn-Typ
Gerade weil es mit Ausbildungsstellen eng werden kann, ist es wichtig, möglichst viele Berufe aufzuspüren, die infrage kommen.

Was-denn-sonst-Typ
Wenn der Weg zum Traumberuf versperrt ist, was dann?

Traum-Typ
Klasse, du weißt was du willst und fragst dich, wie du es erreichen kannst. Hast du klare Vorstellungen von diesem Beruf?

Schon-am-Ziel-Typ
Lege dich nicht zu früh fest. Nimm dir Zeit mehrere Berufe zu suchen, die zu dir passen.

Selbstbeobachtung – eigene Interessen entdecken
Schreibe die Fragen auf ein Blatt oder in den PC und beantworte sie möglichst genau. Belege deine Beobachtungen mit konkreten Beispielen.

- Gehe ich spontan auf Menschen zu, wenn jemand Hilfe braucht (z. B. in der Pause, im Schulhaus)?
- Fällt es mir leicht, mich in Menschen einzufühlen (z. B. bei Kummer, Konflikten, Projektarbeit)?
- Stehe und gehe ich gerne bei der Arbeit (z. B. in der Küche, in Räumen, im Freien)?
- Arbeite ich gerne praktisch und womit (z. B. in der Freizeit, im Praktikum, mit Lebensmitteln)?
- Löse ich gerne Kreuzworträtsel und Denksportaufgaben (z. B. in der Freizeit)?

- Kann ich Arbeiten gut organisieren oder arbeite ich oft planlos (z. B. Arbeitspläne aufstellen)?
- Lese ich auch nach der Schule noch gerne in Büchern (z. B. Schulbücher, Fachbücher)?
- Wie fällt mir Lernen leichter? Durch Hören, Lesen, Sprechen oder praktisches Tun (z. B. zu Hause)?
- Kann ich selbstständig arbeiten und Verantwortung übernehmen (z. B. Ämterausführung, Teamarbeit)?
- Habe ich es lieber, wenn andere mir Arbeiten anschaffen (z. B. Lehrkraft, Mitschüler, Eltern)?

Selbsteinschätzung – eigene Fähigkeiten erkennen
Hier kannst du herausfinden, wo deine Stärken, Schwächen, Interessen und Abneigungen liegen. Ebenso erhältst du einen Überblick darüber, womit du gerne umgehst und wie es um dein Sozialverhalten steht.
Lege dazu eine Tabelle an und trage deine persönlichen Beobachtungen über dich möglichst exakt ein. Verwende auch die Begriffe von Seite 84 „Schlüsselqualifikationen".

Merkmale	stark ausgeprägt	wenig ausgeprägt	interessiert mich	interessiert mich nicht

5 Soziales Miteinander

5 Soziales Miteinander

Soziales Verhalten zeigt sich im Umgang miteinander, beim Arbeiten, Feiern und Spielen.

Erfolgreiches Arbeiten im Team

In diesem Kapitel geht es um das Praktizieren sozialer Verhaltensweisen. Das Arbeiten im Team und der Umgang mit unterschiedlichen Personen in gemeinsamen Vorhaben verlangen vom Einzelnen Wissen und einfühlsames Verhalten. Doch Teamarbeit verläuft nicht immer reibungslos und ohne Konflikte. Allen Beteiligten muss klar sein, dass Konfliktlösung Vorrang hat!

Gebäck süß und pikant zur Wahl

Quarkölteig siehe Rezeptteil Seite 133

Zutaten	Arbeitsschritte
Nussschnecken	
100 g gemahlene Haselnüsse 1 Essl. Schokoraspeln 4–6 Essl. Milch oder Orangensaft	zur streichfähigen Masse verrühren, Quarkölteig zum Rechteck ausrollen, mit Füllung bestreichen, aufrollen und in 2 cm dicke Scheiben schneiden
Pflaumenschnecken	
100 g Pflaumenmus 20 g Mandelsplittern	auf Teigrechteck verteilen, mit bestreuen (Weiterverarbeitung siehe Nussschnecken)
Quarktaschen	
125 g Quark 1 Essl. Sahne 1 Essl. Orangensaft 1 P. Vanillezucker	zur streichfähigen Masse verrühren (Weiterverarbeitung siehe Schinken-Käse-Taschen)
Schinken-Käse-Taschen	
50 g gekochter Schinken 50 g Scheibenkäse 1 Essl. gehackte Kräuter	würfeln zugeben
1 Eiweiß 1 Eigelb	Quarkölteig ausrollen (0,5 cm dick), gleichmäßige Teigquadrate schneiden, auf eine Quadrathälfte die Füllung geben, Ränder mit Eiklar bestreichen, zusammenklappen und die Ränder mit einer Gabel zusammendrücken. Bei 180 °C 15–20 Min. backen

Tipp: Abwandlung für vegetarische Taschen:
 Als Fülle eignet sich vorbereitetes, klein geschnittenes und angedünstetes Gemüse der Saison, z. B. Lauch, Paprika, Kräuter, Sprossen usw.

Selbsteinschätzung: Verhalten
- War ich immer höflich genug?
- Stimmt mein Benehmen bei Tisch?
- Das werde ich in der nächsten Unterrichtsstunde noch besser machen.

Wahlmöglichkeiten verhindern Konflikte.

Typische Konfliktsituationen
- Uneinigkeit bei der Auswahl des Projektthemas und der Personengruppe
- Streitigkeiten über Arbeitsverteilung
- Schuldzuweisungen bei schlampiger Arbeitsausführung
- Unangepasster Umgangston im Miteinander
- Mobbing (ständiges Kritisieren bestimmter Schüler)
- Vorurteile z. B. gegen neue Schüler
- Mangelnde Esskultur einzelner Schüler/-innen
- Nichteinhalten des Gruppenvertrages

Strategie zum Konfliktlösen
Eine Konfliktstrategie zu lernen und zu üben ist sinnvoll, damit man im Falle eines Konflikts einen kühlen Kopf behält. Am Beispiel des Konflikts „Uneinigkeit bei der Auswahl von Projektthemen oder bei der Rezeptauswahl" kann die Konfliktlösungsstrategie geübt werden. Die Konfliktlösung kann als Gespräch, aber auch als schriftlicher und mündlicher Meinungsaustausch umgesetzt werden.

1. Ein neutraler Moderator oder Streitschlichter leitet die Konfliktlösungsübung.
2. Jeder Beteiligte notiert die Konfliktsituation aus seiner Sicht auf einen Zettel.
3. Jeder Konfliktpartner stellt die notierte Situation vor.
4. Jeder Beteiligte schreibt mögliche Verbesserungs- oder Lösungsvorschläge auf.
5. Die Konfliktpartner stellen ihre Vorschläge nacheinander vor.
6. Die Beteiligten einigen sich auf einen Vorschlag oder auf einen Kompromiss.
7. Jeder Beteiligte hält sich in den nächsten Unterrichtsstunden an die Abmachungen.
8. Der neutrale Moderator und die Beteiligten denken über das Verhalten und über die erbrachte Arbeitsleistung nach.

Aufgaben
1. Bildet Gruppen mit je drei Personen (Moderator, zwei Konfliktbeteiligte) und spielt den Fall durch. Berichtet über eure Erfahrung.
2. Erstelle einen Gruppenvertrag zum Bereich Verhalten mit den Unterpunkten Umgangsformen, Gesprächskultur, soziales Verhalten, Tischmanieren, Teamfähigkeit und Verantwortung.
3. Teilt die anfallenden Aufgaben bei der Zubereitung des Rezepts gerecht auf.
4. Erweitere den Gruppenvertrag um die Rubrik „Reflexion". Trage nach jeder Unterrichtsstunde die Veränderungen im Verhalten ein. Sprecht in der Gruppe über die Konfliktbewältigung.

Selbsteinschätzung: Leistung
- Habe ich meine Aufgabe verantwortungsbewusst und selbstständig ausgeführt?
- Habe ich anderen bereitwillig geholfen?
- Das möchte ich in der nächsten Unterrichtsstunde noch besser ausführen.

Konflikte lösen verlangt kühlen Kopf und Einfühlungsvermögen.

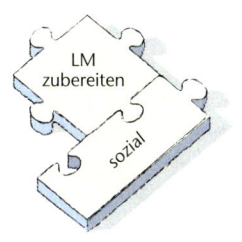

5 Soziales Miteinander

Soziale Institutionen und Einrichtungen im Lebensumfeld

Deine unmittelbaren Nachbarn, aber auch öffentliche soziale Institutionen wie Caritas, Arbeiterwohlfahrt, Rotes Kreuz, Innere Mission oder Malteser Hilfsdienst freuen sich über deine Mithilfe. Du kannst einfache Besorgungen für hilfsbedürftige Personen erledigen, Gehbehinderte zum Arzt, beim Spaziergang oder zu einer Veranstaltung begleiten. Das Angebot der Sozialdienste ist breit gefächert.

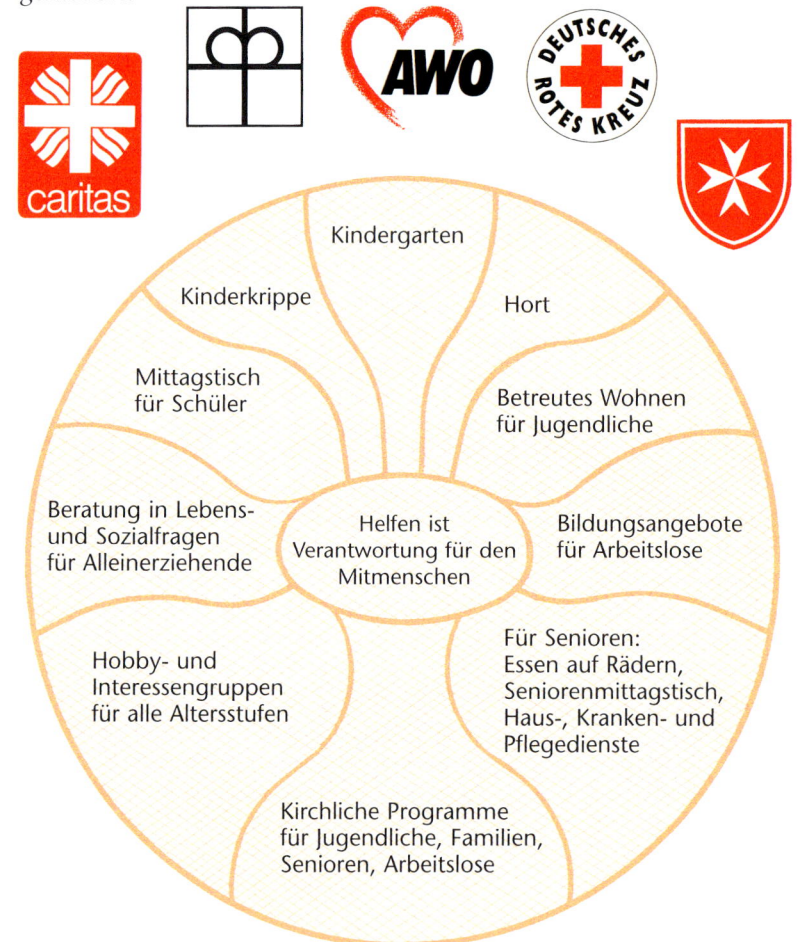

Fragen an den Experten
(z. B. an den Mitarbeiter einer Sozialstation)
- Wie lange arbeiten Sie schon in dieser sozialen Einrichtung?
- Welche Ausbildung braucht man für diese Tätigkeit?
- Wie sind die Arbeitszeiten und der Verdienst?
- Kann man einige dieser Tätigkeiten auch ehrenamtlich ausüben?
- Würden Sie Ihren Beruf heute nochmals wählen?
- Was nervt Sie an Ihrer Arbeit und was macht Ihnen Freude?
- Gibt es spezielle Ausbildungsangebote für interessierte jugendliche Helfer?

Helfen ist Verantwortung für den Mitmenschen:
- Kindergarten
- Kinderkrippe
- Hort
- Mittagstisch für Schüler
- Betreutes Wohnen für Jugendliche
- Beratung in Lebens- und Sozialfragen für Alleinerziehende
- Bildungsangebote für Arbeitslose
- Hobby- und Interessengruppen für alle Altersstufen
- Für Senioren: Essen auf Rädern, Seniorenmittagstisch, Haus-, Kranken- und Pflegedienste
- Kirchliche Programme für Jugendliche, Familien, Senioren, Arbeitslose

! **Ehrenamtliche Tätigkeiten tragen zur Persönlichkeitsbildung bei.**

! **Ehrenamtliche Tätigkeiten sind eine sinnvolle Freizeitgestaltung.**

Das soziale Netz der Hilfs- und Versorgungsmöglichkeiten wird von vielen ehrenamtlichen Helfern – Erwachsenen und Jugendlichen – getragen.
Besonders viele Jugendliche sind ehrenamtlich bei der freiwilligen Feuerwehr tätig. Ehrenamtliche Helfer erhalten nur eine Aufwandsentschädigung und arbeiten auch nach Feierabend und an Sonn- und Feiertagen. Ohne soziale Institutionen und ehrenamtliche Tätigkeiten wären die Ausgaben der öffentlichen Haushalte wesentlich höher.

Dein ehrenamtliches Engagement ist gefragt

Ideensammlung zum Projekt

- Erkennen von Situationen zum Helfen
- Möglichkeiten zur Hilfeleistung: Besorgungen, Begleitung zu Veranstaltungen oder zum Arzt, Bereitschaft zum zwischenmenschlichen Kontakt (Gespräche, Zuhören)
- Mitarbeit in einer sozialen Einrichtung
- Informationen durch Experten, z. B. Mitarbeiter eines Sozialdienstes, Berater vom Arbeitsamt, Gesundheits-, Krankenpfleger und Altenpfleger, Arzt

↓

Formulieren des Projektziels

↓

Fixieren der Teilthemen für die Teamarbeit

↕

Festlegen der Art und Weise der Bearbeitung der Teilgebiete

- Anschreiben einer Sozialstation (KtB)
- Referat eines Experten, z. B. Ernährungsbedürfnisse von Kindern oder Senioren (HsB)
- Aufsuchen einer Sozialstation (HsB, KR, EvR)
- Hospitation und aktive Mitarbeit der Schüler, z. B. Essen auf Rädern (von der Zentrale bis zur Verteilung) (HsB)
- Auseinandersetzung mit den Berufsbildern Gesundheits-, Krankenpfleger und Altenpfleger, Familienpfleger/-in (G/Sk/Ek; HsB)

↓

Bearbeitung der Projektthemen in Gruppen

↓

Zwischenbesprechungen

↓

Vorstellen des Projekts

- Pinnwandgestaltung, Infostunde im Schulhaus, Tätigkeitsberichte (KR; EvR; KtB; HsB; G/Sk/Ek)

↓

Rückblick und Projektkritik

- Wünsche und Eigenheiten der zu betreuenden Personen akzeptieren
- Bereitschaft zu weiteren freiwilligen Diensten für Hilfsbedürftige
- Erfahrungen sind wertvoll für die eigene Familie

Aufgaben

1 Erkundigt euch nach Sozialdiensten in der Umgebung.

2 Informiere dich über Angebote der Sozialdienste zur Ausbildung ehrenamtlicher Helfer in deiner Nähe.

(m) 3 Begründe, weshalb ehrenamtliche Tätigkeiten sich gesellschaftlich positiv auswirken.

KR
Kirche in unserer Gesellschaft – Verantwortung übernehmen
- Sozial-caritative und seelsorgliche Dienste
- Für eine menschliche Arbeitswelt und Kultur (z. B. Kolpingwerk)

EvR
Diakonische Arbeit der Kirchen heute
- Arbeitsfelder, Einrichtungen vor Ort – gesellschaftliche/politische Aktivitäten wie Beobachtung, Aufdecken, Überwinden der Ursachen von Nöten; Beratung

G/Sk/Ek
Jugendliche engagieren sich in ihrer Gemeinde und für die Gemeinde
- z. B. zur Verkehrssicherheit oder in Freizeiteinrichtungen oder in Einrichtungen für Behinderte
- Soziale Verantwortung als Aufgabe, z. B. soziales Engagement in Vereinen, in der Kirche, in Jugendgruppen, in der Familie, in der Schule

Bekanntmachung des Bayerischen Staatsministeriums für Unterricht, Kultus, Wissenschaft und Kunst:
Das Staatsministerium hat die Möglichkeit geschaffen, ehrenamtliches, unentgeltliches Engagement von Schülern, das über die reine Verbandszugehörigkeit hinausgeht, als einen zu würdigenden Einsatz für das Gemeinwohl durch eine Zeugnisbemerkung oder durch ein Beiblatt zum Zeugnis anzuerkennen und hervorzuheben.

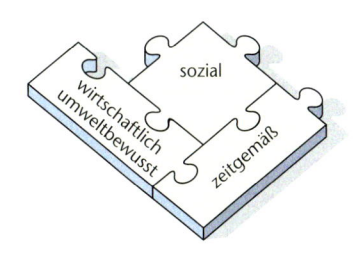

5 Soziales Miteinander

Geeignete Aktionen mit Kindern
- Gemeinsam kochen und essen
- Spielparcours
- Fenstergestaltung im Schulhaus
- Ernährungsquiz
- Jahresfestkreis

Aktionsplan
- Entscheidung über Zielgruppe und Aktion
- Information über Lebensumstände und Bedürfnisse
- Planen der Aktion
- (Selbstständige) Verteilung der Arbeit
- Vorbereiten in Teams nach Interessen und Eignung
- Generalprobe
- Durchführen der Veranstaltung
- Reflexion und Feedback

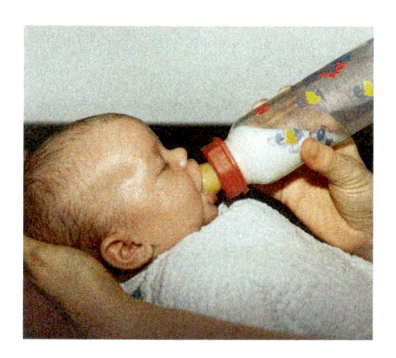

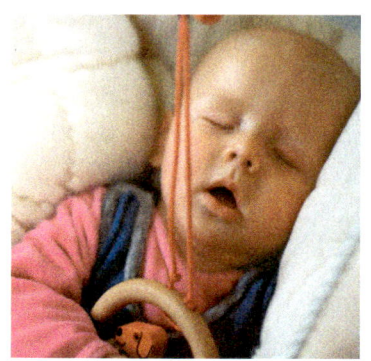

Ein gemeinsames Vorhaben planen und gestalten

Zunächst wird eine Personengruppe ausgewählt, mit der das gemeinsame Vorhaben umgesetzt werden soll: Kindergartenkind, Grundschüler, Schüler der Hauptschule, Schüler aus der Förderschule oder aber Kleinkinder, Säuglinge oder auch Senioren. In jedem Falle sind die Lebensumstände und die Bedürfnisse der gewählten Personengruppen zu berücksichtigen.

Die Bedürfnisse des Säuglings und des Kleinkindes
Damit sich ein Kind körperlich, geistig und seelisch entwickeln kann, braucht es die liebevolle Zuwendung von festen Bezugspersonen. Das Kind hat das Bedürfnis nach Trinken, Essen, Ruhen, Spielen, Zuneigung und Körperpflege.

Das Trinken und Essen
Kinder haben einen sehr hohen Flüssigkeitsbedarf. Zum Durstlöschen eignen sich ungesüßte Kräutertees und Obstsaft, gemischt mit stillem Mineralwasser.

Kostplan für das erste Lebensjahr

Alter	Nahrung	Alter	Nahrung
1. Monat 5–6 Mahlzeiten	Milchnahrung	6.–7. Monat 4 Mahlzeiten	1x Milchnahrung 1x Milchbrei mit Obst 1x Obstbrei 1x Gemüsebrei mit Eigelb oder Fleisch
2. Monat 5 Mahlzeiten	Milchnahrung 1–2 Teelöffel Saft		
3. Monat 5 Mahlzeiten	Milchnahrung 2–4 Teelöffel Saft	8.–9. Monat 4 Mahlzeiten	1x Milchnahrung 1x Milchbrei mit Obst 1x Obstbrei mit Zwieback 1x Gemüse, Kartoffeln, Fleisch
4. Monat 5 Mahlzeiten	4x Milchnahrung 1x Gemüsebrei		
5. Monat 4 Mahlzeiten	2x Milchnahrung 1x Milchbrei mit Obst 1x Gemüsebrei	10.–12. Monat 4 Mahlzeiten	1x Milch mit Brot 1x Kleinkindermahlzeit 1x Milch, Brot, Obst 1x Milchbrei mit Obst oder Brot, Quark, Wurst, Tee

Das Ruhen
Um eine einseitige Wirbelsäulenbelastung zu vermeiden, sollte auf eine wechselnde Schlafhaltung geachtet werden. Auch eine gelegentliche Bauchlage ist vorteilhaft für die Atmung. Im ersten Lebensjahr nimmt die Schlafdauer des Säuglings von 19 Stunden auf 14 Stunden pro Tag ab. Wichtig ist das Einschlafzeremoniell, das sich an Bewegung in frischer Luft oder ein Spiel anschließt.

Das Spielen
Das Spielen ist Arbeit für das Kind, es entdeckt seine Umwelt und seine Wahrnehmung wird geschult. Das Spielzeug darf nicht zu klein oder in kleine Einzelteile zerlegbar sein, es darf keine scharfen Kanten haben, Farben müssen ungiftig sein.

Spielzeug ist wichtig

Alter	Beispiele für geeignetes Spielzeug
Ab 1. Monat	Ball, Glöckchen, Seidentuch, Holzring, aufgehängt über dem Bettchen
Ab 3. Monat	Ein bis zwei Schwimm-/Quietschtiere aus Weichplastik; ein bis zwei Stofftiere (nicht zu klein, naturgetreu, mit dicken elastischen Beinen, waschbar, z. B. Frotteestoff, keine Glasaugen); Kette mit bunten Kugeln für den Kinderwagen
Ab 5. Monat	Einen oder mehrere Bälle in verschiedenen Farben und Größen; Kugelring/Klingelstab; farbige Bauklötze aus Holz
Ab 7. Monat	Leporellos mit Bildern; stabiles Bilderbuch
Ab 9. Monat	Becherpyramide; Scheibenfiguren
Ab 12. Monat	Eimer, Schaufel; Holztier zum Nachziehen

Die Körperpflege

Alle Pflegemittel und die frischen Kleidungsstücke müssen vorher bereitgelegt werden, denn das Kind darf keinen Augenblick unbeobachtet sein. Zunächst die Babywanne mit Wasser füllen, evtl. ein Kinder-Badeöl zusetzen und die Temperatur (35–37 °C) überprüfen. Für das Kind soll das Baden vergnüglich sein.

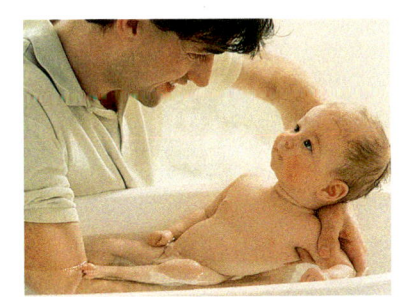

Einheben und Abstützen des Kopfes in Rückenlage

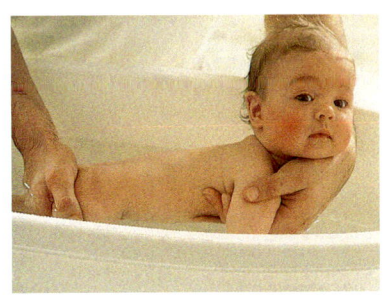

Bauchlage: Brust und Kopf ruhen auf dem Unterarm der Mutter

Bequeme, praktische Kleidung ist wichtig

Richtige Kleidung

Das Alter des Kindes, die Jahreszeit, die Temperatur und der Zweck (z. B. Spielen im Freien/Haus) spielen eine große Rolle.

Planvolles Vorgehen und ständige Beaufsichtigung des Kindes verhindern Unfälle.

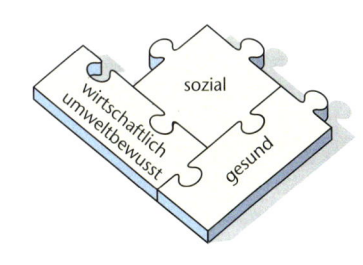

Aufgaben

1. Plant selbstständig für euer Vorhaben die Arbeiten und Arbeitsmittel und stellt einen Zeitrahmen auf.
2. Stelle die Bedürfnisse des Säuglings heraus.
3. Erkläre, wie sich Verantwortung und Einfühlungsvermögen im Umgang mit Säuglingen und Kleinkindern zeigen.
4. Erprobe das Wickeln an einer Puppe.
5. Begründe die Aussage „Spielen ist Arbeit für das Kind".

5 Soziales Miteinander

Die Verantwortung des Babysitters

! **Oberstes Gebot in einer Problemsituation: Ruhe bewahren und das Kind nicht alleine lassen.**

Ab dem zehnten oder elften Monat kann das Kind z. B. zum Abendessen schon ein dünnes Brot bekommen – mit einer leckeren Auflage. Die Zutaten für beide Gerichte findest du sicher im Vorrat. Ein bisschen Kreativität gehört auch dazu und fördert die Freude am Essen.

Brotgesicht

Brotgesicht	
Zutaten	Arbeitsschritte
1 Scheibe Brot etwas Butter	buttern

Belag zur Wahl
1 Scheibe Käse oder
   Streichkäse oder
   1–2 Scheiben magere Wurst
   oder etwas Streichwurst
	Brot belegen

Gemüse zur Wahl z. B. Tomate, Salatgurke, Schnittlauch, Paprikaschote	waschen, putzen, schneiden je nach Verwendungszweck
	Brot auf Teller legen und als Gesicht garnieren

Pfirsichsonne

Pfirsichsonne	
Zutaten	Arbeitsschritte
2 Essl. Quark 1 Essl. Sahne 1 Teel. gemahlene Nüsse	verrühren, auf die Mitte des Tellers geben
1 Pfirsich (frisch oder Konserve)	pürieren, auf dem Teller um den Quark verteilen
1 Pfirsich	in Spalten schneiden und strahlenförmig anrichten

Hochnehmen des Säuglings

Kinderkrankenschwester Elke gibt Tipps zum richtigen Tragen und demonstriert mit einer Babypuppe:
- Das Hochnehmen des Säuglings
  Die rechte Hand fasst unter das Kind und stützt den Rücken und das Gesäß, die linke Hand greift unter den Rücken in die Achselhöhle, der Daumen liegt auf der Schulter, damit liegt der Kopf des Kindes auf dem Handgelenk.
- Auf einen Arm legen
  Die rechte Hand fasst im Zangengriff von unten die Füßchen, die linke Hand gleitet über Gesäß und Rücken zum Kopf, sodass der Körper auf dem Unterarm liegt.

Die Verantwortung des Babysitters

Der Babysitter in einer fremden Familie

Das Jugendarbeitsschutzgesetz erlaubt bezahltes Babysitten ab 13 Jahren, wenn die Eltern der Jugendlichen einverstanden sind. Das Kind sollte den Babysitter schon einige Tage vorher kennen lernen – am besten zu Hause. Der Babysitter betreut das Kind zwei bis drei Stunden alleine, die Mutter ist jedoch immer in der Nähe. Günstig wäre ein Plan für den Babysitter mit Ess-, Trink- und Wickelzeiten. Der Babysitter freut sich, wenn die Eltern des Kindes ihn zwischendurch auch einmal anrufen. Wichtig ist eine Liste mit Telefonnummern der Eltern, des Kinderarztes, der Feuerwehr, der Giftnotzentrale und der Polizei.

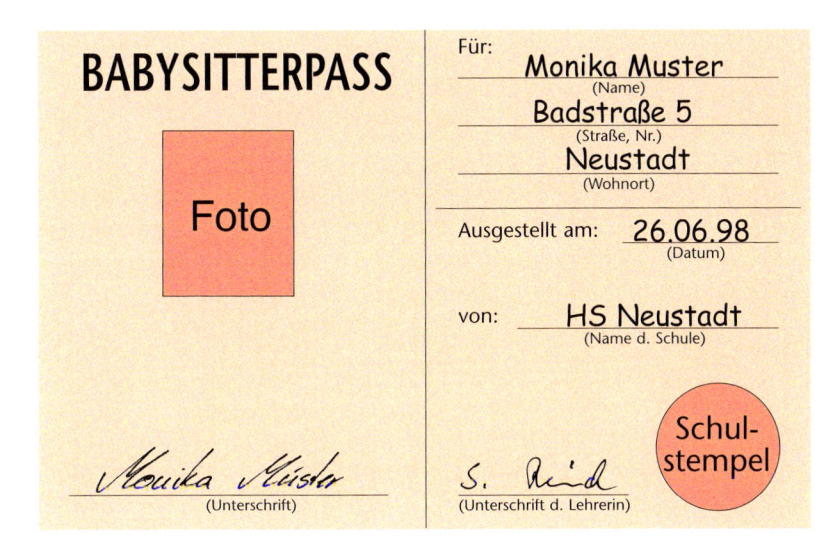

Babysitterpass erworben

Ampfing – Die Schüler der 8. Klasse der Hauptschule Ampfing haben im Fach HsB ihre Kenntnisse erweitert. Im Laufe des Schuljahres haben sie einen Grundkurs in Erster Hilfe beim Roten Kreuz und einen Einführungskurs für die Betreuung von Kleinkindern durch eine Expertin der Mütterberatung absolviert. In einer anschließenden Prüfung konnten die Schüler ihre neu erworbenen Kenntnisse praktisch und theoretisch beweisen. Ausgestattet mit dem neuen Babysitterpass der Schule werden sie bestimmt gerne zum Babysitten bestellt. An Aufträgen mangelt es sicher nicht. Nachahmung empfiehlt sich.

Der Bericht aus der Zeitung spornt dich vielleicht an!

Wer die Fragen und Aufgaben auf der folgenden Checkliste beantworten kann, eignet sich als Babysitter.

Checkliste
- Welche meiner Fähigkeiten sprechen für meine Eignung?
- Nenne Aufgaben, die von einem Babysitter erwartet werden.
- Zähle wichtige Punkte zu den Bedürfnissen des Kindes auf: Trinken, Essen, Ruhen, Spielen.
- Stelle den Ablauf der Körperpflege bei Säuglingen dar.
- Nenne Möglichkeiten, um das Denken des Kindes zu fördern.
- Nenne das oberste Gebot in Konfliktsituationen.

Bayerische Verfassung, Artikel 131, Absatz 4:
„Die Mädchen und Buben sind außerdem in der Säuglingspflege, Kindererziehung und Hauswirtschaft zu unterweisen."

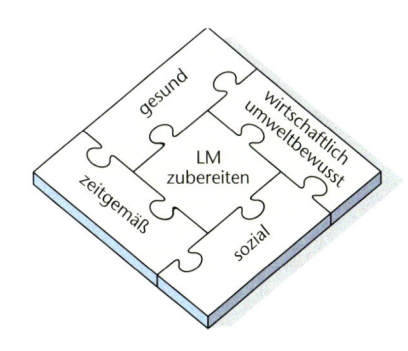

Aufgaben

1 Überlege dir selbst eine weitere für Kinder geeignete Mahlzeit.

2 Überlege: Du sollst als Babysitter die Zutaten für eine Nachspeise selbst einkaufen.

3 Fasse die Ratschläge der Expertin zusammen.

4 Erweitere dein Wissen im Umgang mit Kleinkindern anhand der Seiten 98/99.

5 Soziales Miteinander

> ❗ *Gemeinsames Essen im Alltag, bei Festen und Feiern*
> - fördert das soziale Miteinander,
> - bietet einen gesellschaftlichen Rahmen in der Öffentlichkeit.

> ❗ Essen ist Genuss, Entspannung und Geselligkeit.

Getreidekörner
Ganze Getreidekörner sind sehr lange, durchschnittlich mehrere Jahre, haltbar. Sie müssen allerdings kühl und trocken gelagert werden.

Esskultur als Lebensstil

Gemütliches Essen an einem gepflegten Tisch schätzt jeder; aber unterwegs oder im Beruf sind Esszeiten begrenzt. Ein appetitlich vorbereitetes Brot von zu Hause und ein erfrischendes Getränk schmecken auch im Stehen oder Gehen. Umso schöner ist es, gemeinsam am häuslichen Tisch Esskultur zu erleben. Ein Büfett mit warmen oder kalten Speisen (garnierte Brote, verschiedene Salate) kann selbst bei Einladungen mit vielen Gästen und auf engstem Raum angeboten werden. Am Büfett bedient man sich zwanglos, isst im Stehen oder Sitzen und unterhält sich mit den Gästen.

Essen in der Gemeinschaft verbindet
Esskultur ist ein Stück Familien- und Alltagskultur. Gewohntes Essen in vertrauter Atmosphäre gibt dem Menschen Sicherheit und das Gefühl der Zusammengehörigkeit. Auch die Entscheidung, wer zu einer Feier oder einem Fest eingeladen wird, drückt den Platz in der Gemeinschaft aus. An besonderen Festtagen, wie Weihnachten, lädt man andere Gäste ein als zum Geburtstag oder zu einem lockeren Treffen. Ein gutes Gespräch bei einem schmackhaften Essen gehört als verbindendes Ritual immer dazu – nicht nur bei uns, sondern auch in anderen Kulturen.

Präsentation – gewusst wie
Vegetarische Gerichte lassen sich ansprechend und abwechslungsreich präsentieren. Erprobe dazu eine Möglichkeit in der Gruppe.

Reis-Getreide-Pfanne

Zutaten	Arbeitsschritte
150 g Roggenkörner 150 g Weizenkörner	mit kaltem Wasser über Nacht im Kühlschrank einweichen
50 g Wildreis	
¾ l Brühe	erhitzen, Roggen-, Weizenkörner und Wildreis darin etwa 25 Min. garen
50 g Parboiled Reis	zugeben und fertig garen
30–40 g Butter 2 Zwiebeln 250 g Gelbe Rüben 1–2 Stangen Lauch	erhitzen würfeln in Julienne-Streifen schneiden } andünsten
1 Essl. Curry 1 Becher Sahne	zugeben, weiterdünsten
	gegarte Körner zugeben, durchmischen und abschmecken
1 Bund Schnittlauch	zum Anrichten

Tipp: Körnerpfanne mit Salat der Saison ist ein vollwertiges Hauptgericht. Sie lässt sich mit Fleisch-, Fischstücken und Gemüse der Saison individuell abwandeln.

Esskultur als Lebensstil

Schön, schnell und appetitlich anrichten am Beispiel Reis

Für Türmchen oder Ring Tasse oder Form kalt ausspülen, Reis ohne Gemüse fest eindrücken und stürzen. Wildreis eignet sich dafür weniger gut.

Die Reispfanne kann auch als Sockel auf einer Platte (rund, oval, eckig) angerichtet und mit aufgelegten Eierhälften und Schnittlauch präsentiert werden. Der Reisrand eignet sich besonders für Gerichte mit Soßen.

Reis lässt sich mit Tomatenmark, Curry oder Spinatsaft natürlich und pikant färben und sieht als farbiges Türmchen auf einer Platte auch zusammen mit Fleisch oder Fisch sehr dekorativ aus.

Verschiedene Reisfarben (weiß, braun) bzw. Reissorten gemischt oder Reis mit fein gehackten Kräutern ergeben weitere raffinierte Effekte auf dem Tisch.

Auch Süßspeisen mit Reis lassen sich auf diese Weise appetitlich anrichten. Mit Fruchtsaft (z. B. Kirsche, Heidelbeer) ist ein natürliches Färben ebenso möglich.

Eine Dekoration (Verzierung, Garnierung) für den Alltags- und Festtagstisch sollte hygienisch und relativ schnell vorzubereiten sein, sodass heiß zu servierende Speisen auch noch heiß auf den Tisch kommen. Für süße oder pikante Gerichte gilt: Die Garnierung muss geschmacklich und farblich harmonieren.

Reistürmchen

Reisrand

Reis in Rote-Rübensaft gekocht und in „Säckchen" aus Weinblättern gefüllt

Kräuterreis in Tomaten

Büfetttisch

Besteck und Servietten — Körnerpfanne — Teller und Salatschalen — Salate

Verhalten am Büfett
- Anstellen und nicht drängeln
- Gebrauchtes Geschirr gesondert abstellen
- Kleine Mengen auf den Teller geben, evtl. später nachnehmen

Aufgaben

1 Schlage auf Seite 58 nach und fasse die Merkmale „schnellen Essens" zusammen.

2 Überlege Möglichkeiten, wie „schnelles Essen" gesund und gepflegt gestaltet werden kann.

3 Wählt zur Körnerpfanne zwei Salate der Saison.

4 Erprobt Anrichtemöglichkeiten beim Hauptgericht und bei den Salaten.

5 Gestaltet den Tisch als Büfett.

6 Übt Speisenpräsentation, Tischgestaltung und Tischmanieren in jeder Unterrichtseinheit.

7 Informiere dich im Internet über Büfettgestaltung.

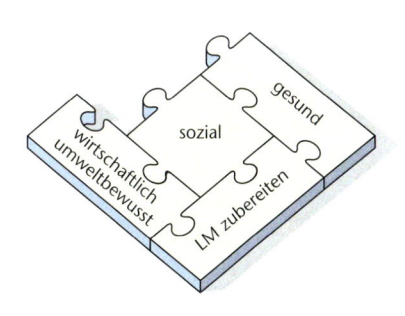

Brauchtum zu Ostern und Weihnachten

Zur Kultur des Menschen gehören Feste und Feiern im Jahreskreis. Sie können von der Religion (z. B. Ostern, Weihnachten, Namenstag) oder von der Gesellschaft (Silvester, Geburtstag, Partys) geprägt sein. Zu jedem Fest gibt es typische Speisen, Getränke und Rituale, die einen symbolischen Charakter und einen tieferen Sinn haben.

Bekannte Symbole

Osterbrauchtum
Das Ei
Das Ei hat in der Geschichte der Menschheit viele verschiedene Sinngebungen, die sich teilweise im Osterfest widerspiegeln. Das Ei dient als Nahrung, ist Symbol des Lebens, der Reinheit und Fruchtbarkeit. In der Kulturgeschichte der Menschen trifft man das Ei schon früh an. Bereits im 4. Jahrhundert wurden bemalte Eier als Grabbeigabe in römisch-germanischen Gräbern gefunden. Durch diese Funde kann man auf eine alte Tradition des Eiermalens schließen. Die Farbe Rot symbolisiert das Blut Christi, das Leben, den Sieg und die Lebensfreude. Daher ist die traditionelle Farbe für das Ei seit dem 13. Jahrhundert Rot. In Osteuropa sind goldfarbene Eier ein Zeichen für Kostbarkeit. Man kann Eier vielfältig verzieren. Sie können mit der Wachsreservetechnik aus der Ukraine, kunstvoll bemalt, mit Scherenschnitt- oder in Ätztechnik verziert werden. Aus diesem traditionellen Brauchtum ist heute eine Kunst geworden, wie Ostermärkte zeigen.

Brauchtum zu Ostern und Weihnachten

Die Osterkerze
In der Osterkerze vereinigen sich christliche, römische, jüdische und griechische Lichttraditionen. Das Licht gilt als Zeichen des Lebens. Die weiße Farbe symbolisiert die Hoffnung auf das „neue" Leben.

Ei, Kerze und Lamm sind Symbole des Lebens.

Das Osterlamm
Das Lamm ist auch ein Symbol für Reinheit und friedliche Lebensweise; es soll ein Zeichen für die Menschen sein, ihr Leben ebenfalls in Frieden zu führen. Das gebackene Lamm aus Rührteig bildet den Mittelpunkt auf vielen Ostertischen.

Der Hase
Der Hase ist als österlicher Eierbringer bekannt. Vor über dreihundert Jahren ist der Brauch in der Gegend um das heutige Elsass, in der Pfalz und am Oberrhein entstanden. Der Hase galt schon in vorchristlicher Zeit als Symbol der Fruchtbarkeit.

Der Hase ist ein Symbol für Fruchtbarkeit.

Weihnachtsbrauchtum
Weihnachtsbräuche und Weihnachtsspezialitäten bringen für viele Erwachsene oft einen Hauch der heilen Welt aus Kindertagen zurück. Sie symbolisieren Besinnlichkeit, Vertrautheit, Gemütlichkeit und Harmonie. Lebkuchenduft, Spekulatiusgebäck, Bratäpfel, das Plätzchenbacken mit den Kindern, der Punsch, das Weihnachtsmenü nach Familientradition spielen eine nicht zu unterschätzende Rolle.

Weihnachten – Fest der Liebe

Lebkuchen
Lebkuchen sind ein geschichtsreiches Gebäck: bereits das alte Ägypten und die Antike kannten den Honigkuchen. Die Kunst der Honigkuchenherstellung gelangte über die mittelalterlichen Klöster in die neu gegründeten Städte. Der Name Lebkuchen ist etwa seit dem 13. Jahrhundert bekannt – und ebenso alt ist das Wissen um die gesundheitsfördernde Wirkung der würzigen Kuchen. Es sind die Gewürze Vanille, Anis, Zimt, Ingwer, Kardamom und Nelken, die der Gesundheit dienlich sind.

Weihnachtsstern
Sterne sind ein Symbol für das Himmlische und Unerreichbare.

Ostern und Weihnachten sind Familienfeste.

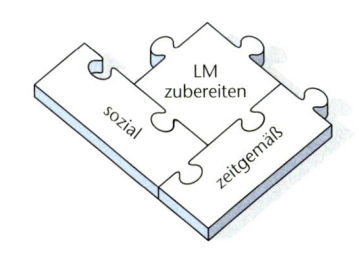

Aufgaben

1. Entscheidet euch für ein Fest (Kirchweih) oder eine Feier (Fasching). Bereitet typische Speisen zu und gestaltet den Tisch entsprechend dem Anlass.
2. Informiere dich über die Symbolik von Lebensmitteln (z. B. Wasser, Milch, Honig, Brot) im Internet und im Glossar.

5 Soziales Miteinander

Eine Einladung im Team planen, gestalten und reflektieren

Bei der Planung der Einladung und der Auswahl der Rezepte die Bedürfnisse verschiedener Personengruppen zu berücksichtigen erleichtert die Arbeit. Die Speisen sollten gut schmecken, appetitlich aussehen, gesund, preiswert und einfach zuzubereiten sein.

Quarkschmarren mit Erdbeeren (4–6 Personen)

Zutaten	Arbeitsschritte
30 g Mandelblättchen	ohne Fett in der Pfanne lichtgelb rösten
500 g Erdbeeren	waschen, putzen, zerkleinern und die Hälfte pürieren, beides mischen
3 Eiklar	zu Schnee schlagen
3 Eigelb 50 g Mehl 1/8 l Milch 1 Essl. Ahornsirup 70 g Quark	mit dem Schneebesen oder mit dem elektrischen Handrührgerät verrühren und Eischnee unterheben
wenig Öl	erhitzen, Teig einfüllen, bei mittlerer Hitze ca. 4 Min. backen, wenden und vorsichtig mit der Backschaufel zerteilen

Tipp: Den Teller mit Puderzucker besieben, Schmarren und Früchte auf Teller verteilen und mit Mandelblättern garnieren.

Aufgabenverteilung für die Einladung

Erste Unterrichtseinheit
- Spiele auswählen (zur Gemeinschaftsförderung, Sinnes-, Konzentrations- und Motorikschulung)
- Rezept erproben
- Rezeptmenge berechnen
- Einkaufszettel schreiben
- Dekorationen herstellen
- Teambildung für den Aktionstag

Zweite Unterrichtseinheit

Bis die Gäste kommen:
- Zwei Teams sind für den Quarkschmarren zuständig,
- ein Team für Tisch und Deko,
- ein Team für Spiele.

Gemeinschaft mit den Gästen:
Erst wird gemeinsam gegessen, dann gemeinsam gespielt.

Spieleauswahl
- Gegenstände, z. B. Apfel, Stein, Ball, Korken, auf einen Tisch legen, mit Tuch abdecken. Möglichkeiten der Durchführung: Kinder fühlen blind die Gegenstände oder Tuch wird abgedeckt, Kinder prägen sich eine Minute die Gegenstände ein, Gegenstände wieder abdecken, Kinder nennen auswendig die Gegenstände.
- Kinder stehen paarweise gegenüber, ein Kind ist der Spiegel, das andere ahmt die Bewegungen nach.
- Jedes Kind trägt einen Apfel auf dem Kopf und läuft auf einer vorgegebenen Linie. Wer das Ziel erreicht, ohne dass der Apfel herunterfällt, darf ihn essen.

Aufgaben

1. Berechne die Rezeptmenge für die eingeladenen Gäste.
2. Suche geeignete Spiele in Büchern und im Internet.
3. Überlege, welche Spiele der Sinnes-, Konzentrations- oder Motorikschulung dienen, und begründe.
4. Beurteile dein Verhalten und deine Reaktion im Umgang mit den Gästen.

Der Experte hat das Wort

Die Auswahl kindgerechter Spiele und Beschäftigungen fördert das Kind in seiner Entwicklung. Das Wissen über richtiges Verhalten in Problemsituationen hilft dem Betreuer, im Ernstfall richtig reagieren und handeln zu können.

Kinderpflegerin Frau Schauer gibt Ratschläge für die Betreuung von Kindern:
- Mit jedem neuen Wort versteht das Kind die Umwelt besser (z. B. Vorlesen von Geschichten, Geschichten nacherzählen lassen, in richtiger, nicht kindertümlicher Sprache);
- körperliche Geschicklichkeit wächst im Spiel;
- viel Sehen ist eine Grundlage für das Denken (z. B. bei Spaziergängen);
- Erfahrungen sammeln lassen mit den Händen (z. B. Wahrnehmungsspiele);
- Töne und Geräusche fördern das Kind (Singen, Klatschen).

Erzieherin Regina gibt uns Hinweise zu Problemsituationen:
- Kind erbricht das Essen
  Wenn das Kind einen Speiserest oder Fremdkörper in die Luftröhre bekommt, ist es an den Füßen mit dem Kopf nach unten zu halten und auf den Rücken und die Brust zu klopfen. Im Notfall sofort einen Arzt verständigen.
- Kind hat Fieber
  Fieber ist ein Alarmzeichen. Das Kind soll im Bett bleiben. Es bekommt feuchtkalte Tücher auf die Stirn und einen kalten Wadenwickel.
- Kind schreit wegen Insektenstich
  Kaltes Wasser oder eine Salbe gegen Insektenstich aus der Hausapotheke.
  Bei Stichen im Mund oder im Halsbereich Eiswürfel lutschen, kühlende Halsumschläge machen, Notarzt rufen.

Ein Vater, Kinderarzt, gibt Auskunft zum Beruhigen bei ständigem Schreien:
Das Schreien drückt einen Mangel, ein Bedürfnis des Säuglings aus: Hunger, Unbehagen durch Nässe und Wundsein, Übermüdung, Überhitzung, Langeweile oder Kontaktbedürfnis. Maßnahmen zur Abhilfe können sein:
- Beruhigend mit dem Kind sprechen;
- Kind auf dem Arm wiegen;
- bei Bedarf Windel wechseln.

Aufgaben

1 Beurteile Quarkschmarren mit Erdbeeren als Hauptgericht für ein zweijähriges Kind.

2 Gestalte die Schaukelkatze mit beweglichen Augen und beschäftige damit ein Kleinkind.

3 Leite ein Grundschulkind an für die selbstständige Gestaltung der Schaukelkatze.

4 Fasse die Ratschläge der Experten zusammen.

5 Übe mit den eingeladenen Kindern einfache Tischmanieren.

Schaukelkatze mit beweglichen Augen

Material:
1 leere Käseschachtel mit Deckel
1 Stein für das Innenteil
Tonpapierreste
2 Holzperlen
Baumwollgarn
Klebstoff
Nadel mit großem Öhr

Arbeitsschritte:
- Stein in Innenteil kleben (Schwerpunkt zum Schaukeln)
- Deckel mit Tonpapier überziehen
- Tiergesicht ausgestalten
- Perlen auf Baumwollgarn fädeln, in den Deckel einziehen und exakt auf die Augen platzieren (bewegliche Pupillen)

Nur geeignet für Kinder ab drei Jahren!

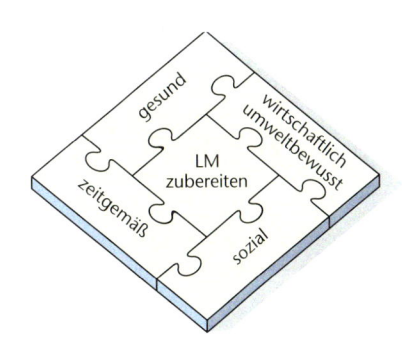

5 Soziales Miteinander

Erkenne die

Zusammenhänge

Übe dich im Erkennen von Zusammenhängen beim Top-Ten-Test

Nur wer den Mitschülern Fragen mit Fachbegriffen beantworten kann, beweist Wissen.

Spielregeln für vier Spieler
(Spielfeld, Seite 108/109, 4 Spielsteine, Würfel)
- Jeder Spieler steht mit einem Spielstein auf einem Startfeld.
- Jeder beantwortet sieben Fragen reihum aus seinem Gebiet und wartet am Stoppschild auf die anderen Mitspieler. Um zum Ziel zu gelangen, musst du beweisen, dass du in Zusammenhängen denkst.
- Kann ein Mitspieler eine Frage nicht beantworten, setzt er eine Runde aus.
- Wenn alle vier Mitspieler gemeinsam am Ziel sind, entscheidet eine anspruchsvolle Zielfrage über den Gruppensieger.

Gesprächsablauf in der Gruppe
(Frage, Antwort, Gegenfrage, Wissen beweisen, Zusammenfassung). Schlage zur Kontrolle im Buch nach.

Als Spielprofi kannst du auch selbst Fragen entwickeln und neue Spielregeln festlegen oder du übernimmst den Vorschlag.

Startfeld 1
1. Zähle drei Punkte auf, die beim Erstellen eines Organisationsplans wichtig sind.
2. Begründe drei Überlegungen für einen überlegten Einkauf.
3. Nenne vier Möglichkeiten der Vorratshaltung.
4. Stelle eine Sommer- und Herbstmarmelade aus Saisonware zusammen.
5. Erläutere das Prinzip der Haltbarmachung.
6. Beschreibe den Vorgang „Blanchieren" beim Tiefgefrieren von Gemüse, Obst und Pilzen.
7. Zähle drei Gerichte auf, die sich aus Speiseresten zubereiten lassen.
8. Beschreibe informative und suggestive Werbung an einem Beispiel.
9. Nenne die Vorzüge eines Haushaltsbuches.
10. Zeige den Zusammenhang zwischen Vorratshaltung, Sparsamkeit und Umweltschutz auf.

Startfeld 3
1. Nimm Stellung zu selbst hergestellten Speisen und zur Verwendung von Fertigprodukten.
2. Nenne die drei Kochtypen von Kartoffelsorten und deren Verwendung.
3. Zähle drei weniger bekannte einheimische Gemüsesorten auf.
4. Begründe die Aussage: Weniger Fleisch ist ernährungs- und gesundheitsbewusst.
5. Beschreibe, wie ein Lebensmittel sensorisch geprüft werden kann.
6. Zähle fünf Garverfahren auf und bewerte sie.
7. Nimm Stellung zur Anschaffung einer Küchenmaschine.
8. Zeige Einsatzmöglichkeiten der Mikrowelle an Beispielen auf und begründe.
9. Erkläre die 3-S-Regel bei Fischgerichten.
10. Zeige den Zusammenhang von Fleischgenuss und Umweltschutz auf.

Startfeld 2
1. Zähle Ursachen des Verderbs von Lebensmitteln auf.
2. Formuliere drei Regeln im Umgang mit Lebensmitteln, um Gesundheitsschäden zu vermeiden.
3. Nenne Grundsätze der mediterranen Küche.
4. Zähle drei Gerichte aus der mediterranen Küche auf.
5. Vergleiche die Ernährungsempfehlungen der DGE mit der mediterranen Küche nach Gemeinsamkeiten und Unterschieden.
6. Zähle Qualitätsmerkmale von Lebensmitteln auf und begründe mit Beispielen.
7. Begründe die Aussage: Obst und Gemüse sind wichtig für die Gesundheit.
8. Nenne ballaststoffreiche Lebensmittel.
9. Erkläre, was mit Getreideverschwendung durch Fleischproduktion gemeint ist.
10. Zeige den Zusammenhang zwischen Ernährung, Bewegung und Gesundheit auf.

Startfeld 4
1. Nenne Berufe, die ihren Ursprung im privaten Haushalt haben.
2. Zähle Fähigkeiten (Schlüsselqualifikationen) auf, die in jedem Beruf bedeutsam sind.
3. Erläutere, wie man Selbstbeobachtung und Selbsteinschätzung durchführen und damit leichter den geeigneten Beruf finden kann.
4. Erkläre die Strategie zum Konfliktlösen.
5. Nimm Stellung zu ehrenamtlichen Tätigkeiten.
6. Nenne die Bedürfnisse des Säuglings oder Kleinkindes.
7. Begründe die Aussage: „Spielen ist die Arbeit des Kindes".
8. Nenne und erkläre typische Gegenstände für die Gestaltung eines Ostertisches und/oder Weihnachtstisches.
9. Nenne Tischmanieren im Alltag und bei festlichen Anlässen.
10. Zeige den Zusammenhang zwischen Esskultur, Lebensstil und Sozialverhalten auf.

Zielfrage: Erkläre den Zusammenhang: Lebensweise – Ernährung – Gesundheit – Umweltschutz.

6 Informationen suchen, finden und bewerten

Generationen im Dialog – Projekt „Esskultur früher und heute"

In der Projektarbeit begegnen sich Kinder, Jugendliche, Eltern und Großeltern. Großeltern als Zeitzeugen können über das Leben früher und heute anschaulich berichten und ihre Erfahrungen praktisch einbringen.

Kunst
Gestaltung der Stellwände

PCB
Leben und Essen früher und heute

GSE
Info über Geräte früher und heute

HsB
- Rezeptauswahl
- Essen und Leben früher und heute
- Speisenzubereitung
- Geräte früher und heute

D
Schrift früher und heute, Einladung entwerfen

KtB
Schreiben und Gestalten am PC, Einladungen schreiben

Videogruppe
Projekt dokumentieren, Vorführung an Projekttag

Ideensammlung zum Projekt
- Finden geeigneter Personen, Eltern, berufstätige Köche, (pensionierte Lehrer)
- Museumsbesuch – Küche im Wandel der Technik
- Traditionelle und moderne Rezepte suchen und auswählen
- Schreibweisen für Rezepte (Schriftarten, mit Hand, Schreibmaschine, Computer)
- Entscheidung für Suppen, Hauptgerichte, Nachspeisen oder Backwaren
- Eingrenzung auf Rezepte mit Hackfleisch (einheimisch und international)
- Informationssuche im Internet
- Sammeln oder Ausleihen von Kochbüchern und Schrifttafeln früher und heute
- Geräteeinsatz früher und heute
- Tischkultur im Wandel der Zeit (Geschirr, Farben, Muster, Textilien)
- Essen und Leben früher und heute

↓

Formulieren des Projektziels

↓

Fixieren der Teilthemen für die Dienstleistung
- Ansprechen und Anschreiben der ausgewählten Personen
- Beschaffung von Informationen zu den Teilthemen
- Auswertung der Materialien, z. B. Rezepte, Bilder, Schrifttafeln
- Schreiben der Rezepte in Reinschrift (Hand/Computer)
- Fotogruppe erstellt Präsentation
- Aufbereiten der Ausstellung unter Mitwirkung der Experten (z. B. Experte schreibt deutsche Schrift, Schüler am Computer)

Bearbeitung der Projektthemen in Gruppen

↓

Zwischenbesprechungen und Anregungen zur Verbesserung des weiteren Projektverlaufs

Vorstellen des Projekts
- Ausstellung Kochbücher, Kochgeschirr oder Haushaltsgeräte
- Präsentieren des Print-Produktes aus HsB und KtB
- Stellwände mit Fotos aus der Projektarbeit oder Vorführen des Videostreifens
- Ausstellung von Schriften und Schreibgeräten früher und heute

↓

Rückblick und Projektkritik
- Neue und bekannte Lernstrategien
- Soziale Erfahrungen

Generationen im Dialog – Projekt „Esskultur früher und heute"

Jung und Alt begegnen sich täglich

Ob in der Familie, in der Schule, im Betriebspraktikum oder in Vereinen – überall treffen sich Menschen unterschiedlichen Alters.

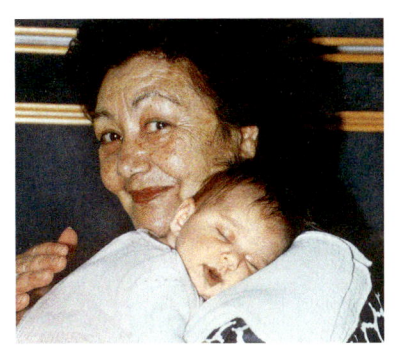

Ältere Menschen sind Zeitzeugen

Das Gestern zählt bereits zur Geschichte. Je älter jemand ist, desto mehr „Geschichten" hat er erlebt. Viele erinnern sich an gute und schlechte Tage in ihrer Kindheit und Jugend.

Familie bei der gemeinsamen Mahlzeit (um 1950)

Vater erledigt die Hausarbeit

Fragen für das Interview
- Befragt eure Eltern, Großeltern oder Passanten auf der Straße.
- Wie hat sich die Hausarbeit in den letzten 50 Jahren geändert?
- Welche technischen Geräte gab es im Haushalt?
- Wie ist ein Waschtag abgelaufen?
- Welche typischen Speisen sind aus der Zeit bekannt?
- Wie waren die Ess- und Lebensgewohnheiten?
- Welche Schriften hat man in der Schule gelernt?
- Welche Schreibgeräte wurden in der Schule verwendet?
- Welche Rolle spielte die Berufsausbildung bei Buben und Mädchen?

Vorschläge für fachbezogene und fächerübergreifende Projekte

- Ess- und Lebensgewohnheiten
- Traditionelle Speisen zeitgemäß zubereiten
- Kochbücher früher und heute
- Kinder, Eltern und Großeltern in der Schule
- Hauswirtschaftliche Berufe – früher und heute
- Technik im Haushalt – einst und jetzt

Aufgaben

Was sagen diese Redewendungen aus?

Wie die Alten sungen, so zwitschern auch die Jungen.

Jemandem den Kopf waschen.

Ein alter Hase sein.

Dumm aus der Wäsche schauen.

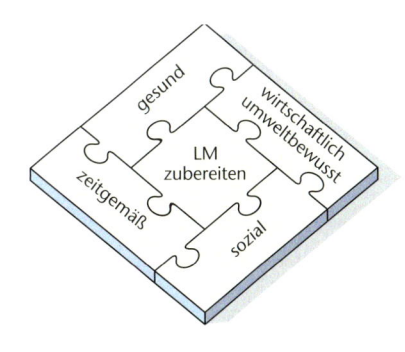

113

6 Informationen suchen, finden und bewerten

Infothek Hackfleischgerichte – einheimisch und international

Ravioli (italienische Teigtaschen)

Zutaten	Arbeitsschritte
Grundrezept: Nudelteig 125 g Weizenmehl 125 g feines Hartweizenmehl	in einer Schüssel mischen
1 Teel. Salz 1 Essl. Olivenöl 2 Eier 2–3 Essl. heißes Wasser	zugeben und zum Teig kneten
etwas Mehl	Arbeitsbrett bemehlen, Teig kräftig schlagen, kneten, dann 15 Min. ruhen lassen
Fülle: 1 Essl. Öl 125 g Rinderhackfleisch	erhitzen zugeben, 3–4 Min. braten
1 Schalotte 1 Knoblauchzehe	fein hacken, zugeben und dünsten
1 Essl. Mehl 1 Essl. Tomatenmark	zugeben
ca. $1/8$ l Brühe	aufgießen
1 Selleriestange (gehackt) 2 Tomaten (gewürfelt) 2 Teel. Basilikum Salz und Pfeffer	zufügen und 20 Min. köcheln lassen

Zwei gleich große Teigrechtecke ausrollen. Füllung in kleinen Portionen auf einer Teigfläche verteilen. Zweite Teigplatte auflegen, Zwischenräume festdrücken und mit dem Teigrädchen in Quadrate schneiden.

Tipp: Größere Teigmengen in der Küchenmaschine zubereiten.

Früher	Heute
Obst/Gemüse nach Jahreszeit	Obst/Gemüse aus Saison, Region und Ausland
Garen in Schmalz und Butter	Garen mit Pflanzenöl
Wenig Fleisch	Wieder wenig Fleisch

Cevapcici (scharfe Hackfleischwürstchen)

Zutaten	Arbeitsschritte
750 g Rinderhackfleisch $1/2$ Teel. Salz, etwas Pfeffer	zugeben
evtl. 1 grüne Paprikaschote 1 Zwiebel 1–2 Knoblauchzehen	fein würfeln und zugeben
1 Teel. Paprikapulver (süß) 2 Eier	zufügen, alles zum Fleischteig vermengen, Masse portionieren und fingerdicke Rollen formen
4 Essl. Öl	erhitzen Cevapcici einlegen und von allen Seiten braten
1 Zwiebel	zum Anrichten

Zu Cevapcici schmecken Kartoffeln oder Reis und Salat.

Hack-Kraut-Pfanne

Zutaten	Arbeitsschritte
1 kg Weißkohl	putzen, vierteln, Strunk entfernen, in feine Streifen schneiden
2 grüne Paprikaschoten	vorbereiten und in Streifen schneiden
3 Essl. Öl 300 g Hackfleisch	erhitzen zugeben, anbraten und Gemüse mitdünsten
Salz, Pfeffer, Rosmarin Paprikapulver (süß) 1 Teel. Kümmel	dazugeben
1/2 l Brühe	aufgießen und 20 Min. garen lassen
1 Becher Crème fraîche	zum Abschmecken
Dazu schmeckt Kartoffelpüree oder Brot.	

Fettgehalt pro 100 g
- Rinderhackfleisch 14 g
- Rindertatar 3 g
- Hackfleisch aus Rind und Schwein 19 g

Rezeptvariationen mit Hackfleisch

International
- Lahmaçun
- Cevapcici
- Moussaka
- Gefüllte Auberginen, Zucchini
- italienische Hackklößchen (Polpette)
- Lasagne verde
- Cannelloni
- Sauce Bolognese
- Chili con carne
- Chinesische Teigtaschen (Wontons)
- Gefüllte Weinblätter
- Ravioli
- Russische Hefeteigpastete (Pirogge)

Einheimisch
- Krautrouladen
- Fleischküchlein
- Gefüllte Paprikaschoten
- Hackbraten
- Hackbällchen
- Gefüllter Hackbraten
- Königsberger Klopse
- Hackfleischstrudel
- Gefüllte Pfannkuchen
- Blumenkohlauflauf mit Hackfleisch
- Pikantes Blätterteiggebäck

Die Hackfleischverordnung (HFlV)

Die Verordnung über Hackfleisch, Schabefleisch und anderes zerkleinertes rohes Fleisch von 10. Mai 1976 mit Änderung vom 2. April 2003 sagt aus:

„Durch die Zerkleinerung wird die Oberfläche des Fleisches erheblich vergrößert, das Muskelgewebe aufgelockert und damit ein günstiger Nährboden für Bakterien geschaffen. Diese Erzeugnisse verderben leichter als unbearbeitetes Fleisch."

Der sachgerechte Umgang mit Hackfleisch

- Hackfleisch erst am Tag der Verwendung kaufen und sofort verarbeiten oder tiefgefrieren (bis zu 6 Monate).
- Rohes Hackfleisch dürfen Metzgereien nur am Tag der Herstellung verkaufen.
- Verpacktes Hackfleisch im Supermarkt muss mit einem Verbrauchsdatum gekennzeichnet sein.

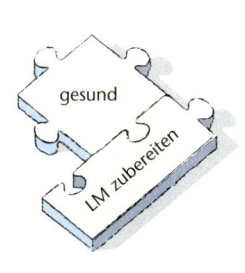

gesund

LM zubereiten

6 Informationen suchen, finden und bewerten

Maus und Cursor

Kartoffelsalat|

Mauszeiger erscheint am linken Bildschirmrand als Pfeil

Cursor blinkt z. B. am Wortende

Kartoffel|salat|

Mit Mauszeiger an die gewünschte Stelle gehen

Kartoffel|salat

Nach Mausklick blinkt der Cursor an der gewünschten Stelle

Einige Befehle auf der Menüleiste

Datei	Bearbeiten	Format	Tabelle
Neu	Ausschneiden	Schriftart	Tabelle einfügen
Öffnen	Einfügen	Rahmen	
Schließen			
Speichern unter			
Speichern			
Seite einrichten			
Drucken			
Beenden			

Listenfelder aufrufen

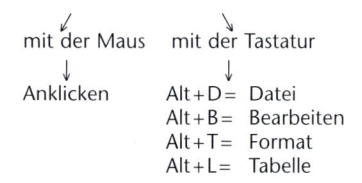

mit der Maus ↓ Anklicken

mit der Tastatur ↓
Alt+D = Datei
Alt+B = Bearbeiten
Alt+T = Format
Alt+L = Tabelle

Arbeiten mit Anwenderprogrammen

Die Software des Betriebssystems (Windows, Windows XP/NT, Linux), Anwenderprogramme für Textverarbeitung (z. B. Word, Works), Präsentation (Power Point), Datenbank- und Tabellenkalkulation (z. B. Excel) und Software wie Lernprogramme und Spiele ermöglichen erst das Arbeiten am Bildschirm.

Bei jeder Computerbenutzung in der Schule gilt:
- Computer einschalten, warten und ggf. Passwort eingeben. Bei neueren Programmen erscheint die Bildschirmoberfläche automatisch.
- Klicke dann das gewünschte Anwenderprogramm an.
- Jetzt hast du die Möglichkeit, Daten einzugeben oder Daten hereinzuholen:
    1. Dateneingabe über Tastatur oder Spracheingabe
    2. Daten hereinholen/laden über die verschiedenen Laufwerke und deren Datenträger, USB-Stick oder Internet

Bildschirmansicht in einem Textverarbeitungsprogramm

Der blinkende Cursor zeigt dir deine aktuelle Position auf dem Bildschirm. Ein einfacher Klick auf die linke Maustaste lässt den Cursor an einer anderen gewünschten Stelle erscheinen.

Aus der Menüleiste kannst du ebenfalls durch Anklicken mit der Maus die Listenfelder zu den einzelnen Menüs (z. B. Datei, Bearbeiten, Ansicht …) aufrufen. Eine andere Möglichkeit, die Listenfelder aufzurufen, hast du, wenn du die Taste „Alt" drückst und gleichzeitig den unterstrichenen Buchstaben des gewünschten Menüs aus der Menüleiste auf der Tastatur eingibst.

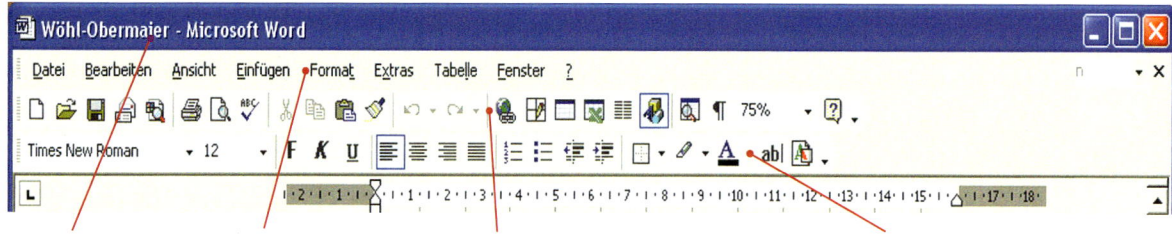

1. Titelleiste   2. Menüleiste   3. Symbolleiste mit Schaltflächen   4. Formatierungsleiste

Wenn du mit dem Mauspfeil unter die Schaltflächen in der Symbol- und Formatierungsleiste gehst, erscheint das dazugehörige Quickinfo, das dir die Schaltfläche erklärt, z. B.:

Speichern   Drucken   Fett Kursiv (Quickinfo)   Linksbündig

Das Formatieren über die Symbolleiste geht schneller als über die Menüleiste.

Arbeiten mit Anwenderprogrammen

Arbeiten mit Textverarbeitung
- In deiner Datei befindet sich eine vorbereitete Rezeptauswahl.
- Befehle zum Aufrufen einer Datei:
  (1) Menü „Datei" anklicken
  (2) „Datei öffnen" anklicken
  (3) Laufwerk A: auswählen
  (4) Dateiname auswählen, z. B. Rezept_5
  (5) Bestätigen

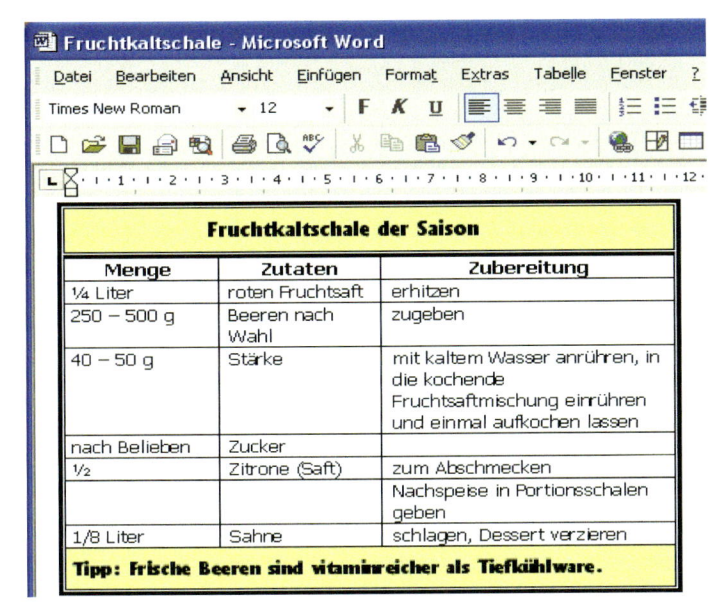

Befehle zum Abspeichern einer Datei unter neuem Namen
- *Datei*
- *Speichern unter*
- *Im Dateifenster alten Namen löschen, neuen Namen (Dessert1) eingeben*
- *Bestätigen, neuer Name erscheint auf der Titelleiste auf dem Bildschirm*

DESSERT1.DO

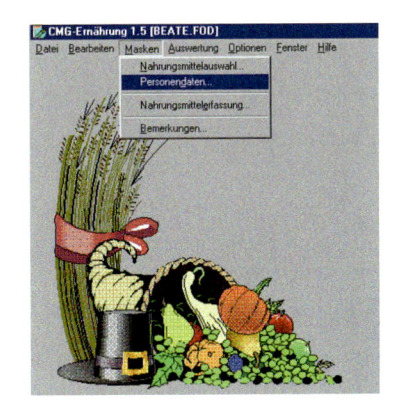

Wenn du dich mit den Cursortasten im Rezept bewegst und dabei auf die Formatierungsleiste achtest, kannst du sehen, wie das Rezept formatiert (= in Form gebracht) wurde.

Das Rezept wurde in drei Spalten eingerichtet. Formatiert wurde durch: Wahl der Schriftart, Schriftgröße und Hervorhebungen (Fett-, Kursivdruck, Schattierungen und Rahmen). Dann könnte auch noch das Menü „Extras" gewählt, „Silbentrennung" angeklickt und Silbentrennung durchgeführt werden.

AID-Lernsoftware
- Man nehme – Einkaufen, Lagern und Zubereiten von LM
- Speisefette
- Body-Mass-Index (Download)
- Vita-Pyramid
- C'est la vie – Hungrig auf Ernährungswissen
- Gentechnik im LM-Bereich
- Kennwort LM – ein digitales Nachschlagewerk
- LM aus ökologischem Anbau
- Obst, Exoten und Zitrusfrüchte

Silbentrennung

Aufgaben

1. Rufe ein Menü aus der Menüleiste mit der Tastatur oder mit der Maus auf und nenne die möglichen Befehle im Listenfeld.

2. Zeige am Bildschirm die verschiedenen Leisten und erkläre einige Symbole anhand des Quickinfos.

3. Erprobe das Einfügen einer Kopf- und Fußzeile über den Menüpunkt „Ansicht". Gib deinen Namen ein, formatiere mit Schriftgrad 10 und zentriere den Text.

4. Speichere die geänderte Datei „Rezept_5" unter dem neuen Namen „Dessert_1" ab.

5. Erprobe die Rahmengestaltung über die Menüleiste „Format" und über das Symbol „Rahmen" und gestalte das Rezept.

6 Informationen suchen, finden und bewerten

Schriftgröße ändern

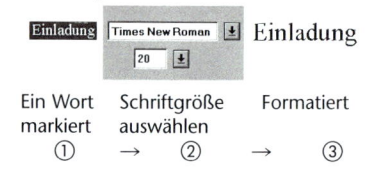

| Einladung Times New Roman 20 | Einladung |

Ein Wort markiert ① → Schriftgröße auswählen ② → Formatiert ③

Markieren mit der Maus

Ein Wort
Doppelklick auf dem Wort

Eine Zeile
Linke Maustaste gedrückt über die Zeile ziehen und loslassen

Absatz
Mauszeiger links vom zu markierenden Text, Doppelklick

Menü „Format"

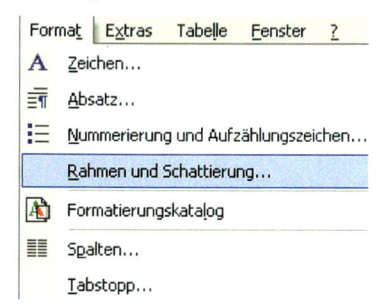

- Zeichen...
- Absatz...
- Nummerierung und Aufzählungszeichen...
- Rahmen und Schattierung...
- Formatierungskatalog
- Spalten...
- Tabstopp...

Menü „Bearbeiten"

- Rückgängig: Fett Strg+Z
- Wiederholen: Fett Strg+Y
- Ausschneiden Strg+X
- Kopieren Strg+C
- Office-Zwischenablage

Menü „Datei"

- Neu... Strg+N
- Neue Works Vorlage...
- Öffnen... Strg+O
- Schließen
- Speichern Strg+S
- Speichern unter...
- Als Webseite speichern...

Texte gestalten, korrigieren, speichern und drucken

Auf dem PC lassen sich z. B. Einladungen, Rezepte und Menükarten eingeben und gestalten.

Fastfood muss nicht immer sein!

Einladung
zum Geschmackstrimmpfad

Dazu ist am Donnerstag, den 15. Mai ab 12:00 Uhr in unserer Aula eine Überraschung vorbereitet.
Auf euren Besuch freuen wir uns!

Die Klassen 8a, 8b, 8c und M8

Texte werden grundsätzlich als Fließtext eingegeben, um den Zeilenumbruch kümmert sich der Computer. Nur bei neuen Absätzen musst du die Returntaste betätigen.
Ein Text lässt sich gestalten durch:
- Zeichenformatierung, z. B. Schriftart, Schriftgröße, Schriftschnitt
- Absatzformatierung, z. B. Ausrichtung, Rahmen über die Schaltfläche Rahmen aus der Symbolleiste oder über die Menütaste „Format"
- Seiteneinrichtung, z. B. Seitenränder, Hoch- oder Querformat
- WordArt einfügen über Menü – Einfügen – Grafik – WordArt oder Symbolleiste

Schaltfläche Rahmen

Schaltfläche WordArt

Texte lassen sich rasch korrigieren
Der Cursor lässt sich mit einem Mausklick an der gewünschten Stelle platzieren.
(1) Einzelne Zeichen und Wörter können mit der Taste „Entf" oder mit der Rücktaste/Backspacetaste gelöscht werden.

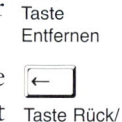

Taste Entfernen

Taste Rück/Backspace

(2) Längere Textstellen, wie Sätze und Absätze, können rasch gelöscht werden, wenn diese markiert und das Menü „Bearbeiten" mit dem Befehl „Löschen" angeklickt wird, oder durch Drücken der Taste „Entf".
Text anschließend unter der Menüleiste „Datei" mit dem Befehl „Speichern unter" auf Laufwerk A: mit gewünschtem Namen, z. B. „Einladung", auf Diskette speichern.
Einladung über Menüleiste „Datei" mit Befehl „Drucken" oder über Schaltfläche „Drucken" ausdrucken.

Schaltfläche Drucken

Texte gestalten, korrigieren, speichern und drucken

Ein Organisationsplan – mit dem PC rasch korrigiert

Rita und Robert unterhalten sich beim Schreiben am PC und vergleichen ihren Organisationsplan für die Fruchtkaltschale.

Rita: Ein Organisationsplan ist ja für die Arbeit ganz praktisch. Nur, bis der auf dem Computer geschrieben und verbessert ist – das dauert vielleicht!

Robert: Die Reihenfolge in deinem Organisationsplan für die Fruchtkaltschale ist auch nicht ganz richtig.

Rita: Am besten, ich schreibe alles noch einmal.

Robert: Nein! Nicht nötig. Die Texte lassen sich mit dem PC schnell umordnen.

Texte verschieben – drei Möglichkeiten

Texte lassen sich problemlos ohne erneutes Schreiben umordnen.

(1) Über die Menüleiste „Bearbeiten"
- Text markieren
- Menü „Bearbeiten" anklicken
- Befehl „Ausschneiden" anklicken (der Text verschwindet und wird unsichtbar abgelegt)
- Platz markieren für die Stelle, wo der Text stehen soll
- Erneut Menü „Bearbeiten" anklicken
- Befehl „Einfügen" anklicken (der Text erscheint an der gewünschten Stelle)

(2) Über die Symbolleiste mit den Schaltflächen „Ausschneiden" und „Einfügen"
- Text markieren
- Schaltfläche [Ausschneiden] anklicken
- Platz markieren, wo der Text stehen soll
- Schaltfläche [Einfügen] anklicken

(3) Durch „Drag and Drop" (Aufnehmen und Fallenlassen)
Am schnellsten lassen sich Wörter und Zeilen mit der Maus an eine andere Stelle verschieben:
- Textstelle mit der Maus markieren;
- Mauszeiger im markierten Text bewegen, bis Pfeil erscheint;
- linke Maustaste drücken und festhalten;
- mit gedrückter Maustaste zur gewünschten Stelle schieben, Maustaste loslassen, Text ist an der gewünschten Stelle.

Organisationsplan ungeordnet

Mit Sahne anrichten.
In Portionsschalen geben.
Kalt angerührte Stärke einrühren.
Fruchtsaft erhitzen, Beeren zugeben.
Mit der eingerührten Stärke einmal aufkochen lassen.
Mit Zitronensaft und Zucker abschmecken.

Organisationsplan umgestellt

1. Fruchtsaft erhitzen, Beeren zugeben.
2. Kalt angerührte Stärke einrühren.
3. Mit der eingerührten Stärke einmal aufkochen lassen.
4. Mit Zitronensaft und Zucker abschmecken.
5. In Portionsschalen geben.
6. Mit Sahne anrichten.

Organisationsplan speichern

In der Menüleiste „Datei" aufrufen, Befehl „Speichern unter" anklicken, Laufwerk auswählen, Dateinamen eingeben, mit OK bestätigen, speichern.

Befehl „Speichern unter" wählen, wenn Datei unter einem anderen Dateinamen gespeichert werden soll.
Befehl „Speichern" wählen, wenn in einer bestehenden Datei Änderungen gespeichert werden sollen.

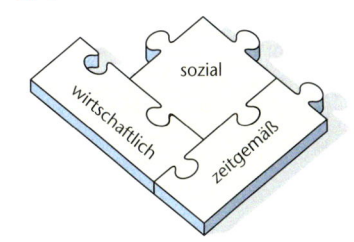

Aufgaben

1 Erkläre die Formatierung der Einladung auf der linken Seite.

2 Erkläre drei Möglichkeiten zum Verschieben von Texten am PC.

m 3 Gestalte und formatiere eine Menükarte mit Schriftart, Schriftgröße, fett, zentriert und Rahmen.

6 Informationen suchen, finden und bewerten

Bilder und Texte aus dem Internet verarbeiten

Bei der Bearbeitung und Präsentation von selbst gewählten Themen können eigene Word-Dokumente durch Einfügen von Abbildungen und Informationen interessanter gestaltet werden.

Texte kopieren und einfügen

Kopieren und einfügen
1. Gewünschte Datei öffnen
2. Text markieren
3. Rechter Mausklick auf Text oder Bild
4. Kopieren anklicken
5. Rechte Maustaste
6. Einfügen anklicken

Nach dem Start des Internet-Browsers und Auswahl der Suchmaschine (z. B. Google) und dem Anklicken von „Web" und der Eingabe des Suchbegriffes (z. B. „berühmte Köche") erscheint eine Reihe von Suchergebnissen. Die Suchergebnisse mit den Kurzbeschreibungen verschaffen einen ersten Überblick. Nähere Informationen erhält man durch Anklicken der unterstrichenen Überschriften (das ist der direkte Zugriff auf eine Homepage).

Bilder kopieren und einfügen

Nach der Wahl der Suchmaschine und des Suchbegriffes (z. B. Büfett) muss „Bilder" angeklickt werden, damit eine Auswahl von Abbildungen zum gewünschten Begriff erscheint.

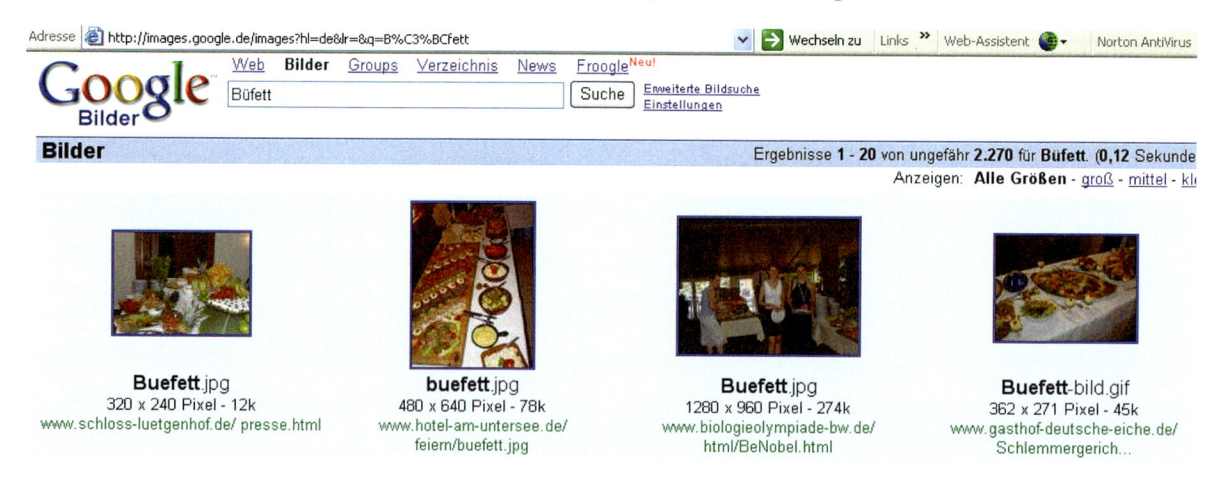

Durch Anklicken kann ein Bild vergrößert, betrachtet, kopiert und eingefügt werden. Eingefügte Texte können formatiert und eingefügte Bilder in der Größe verändert werden.

Arbeiten mit Datenträgern

Der Windows-Explorer

Der Explorer im Hauptprogramm beispielsweise von Windows ist ein eigenständiges Programm zur Dateiverwaltung und Verzeichniserstellung. Verzeichnisse ermöglichen eine übersichtliche Ablage und ein rasches Auffinden von Daten auf Datenträgern, vergleichbar mit den Registern in einem Ordner.

Öffnen, Wechseln und Schließen von Verzeichnissen

Auf deiner Diskette (Datenträger) ist ein Verzeichnis angelegt und gespeichert. Über die Dialogbox „Vorhandene Datei öffnen" des Anwenderprogramms können Verzeichnisse geöffnet, gewechselt oder geschlossen werden.

Die Dialogbox zeigt das gewählte Laufwerk (A:) und die drei Ordner

Verzeichnisstruktur auf der Festplatte

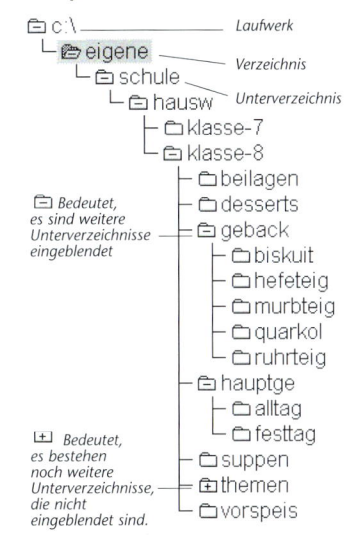

- c:\ — Laufwerk
  - eigene — Verzeichnis
    - schule
      - hausw — Unterverzeichnis
        - klasse-7
        - klasse-8
          - beilagen
          - desserts
          - geback
            - biskuit
            - hefeteig
            - murbteig
            - quarkol
            - ruhrteig
          - hauptge
            - alltag
            - festtag
          - suppen
          - themen
          - vorspeis

▭ *Bedeutet, es sind weitere Unterverzeichnisse eingeblendet*

⊞ *Bedeutet, es bestehen noch weitere Unterverzeichnisse, die nicht eingeblendet sind.*

Ordner und Unterordner ermöglichen eine übersichtliche Ablage von Daten.

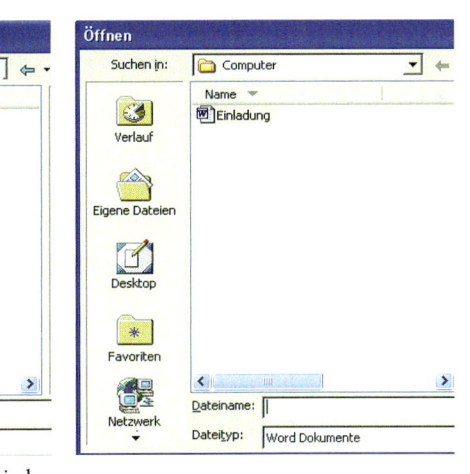

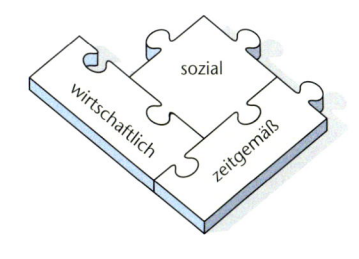

- Gehe mit dem Mauspfeil auf den Ordner „Klasse 8 a" und öffne diesen mit Doppelklick auf die linke Maustaste. Die Unterordner Projekt, Erziehung, Ernährung und Computer erscheinen.
- Wechsel zum Unterordner „Computer" erfolgt durch Markieren mit Mausklick. Wiederum mit einem Doppelklick der linken Maustaste auf „Computer" erscheint die gespeicherte Datei „Einladung".
- Schließen der Unterordner erfolgt durch das Anklicken des Pfeils neben dem Drop-Down-Feld „Suchen in".

Aufgaben

1. Erprobe am ausgewählten Thema das Kopieren, Einfügen und Gestalten von Texten und Bildern aus dem Internet.
2. Nenne die Arbeitsschritte beim Kopieren und Einfügen.

Diagramme lesen und verstehen

Daten und Entwicklungen lassen sich aus Schaubildern leichter ablesen als aus Texten. Statistiken geben einen Überblick über Durchschnittswerte (zum Beispiel die Höhe der Ausgaben privater Haushalte) für einen bestimmten Zeitraum.

Fragen, die beim Lesen und Auswerten von Statistiken und Schaubildern hilfreich sind:

1. Was zeigt das Schaubild? (Zahlen, Einteilungen, Säulen, Abschnitte, Beschriftungen)
2. Was zeigt es nicht?
3. Welche Schlussfolgerungen lassen sich daraus ableiten?
4. Welche Konsequenzen ziehe ich daraus?

Die Statistik ist übersichtlich als *Säulendiagramm* dargestellt. Schon die Länge der verschiedenen Säulen zeigt, wofür viel und wofür eher wenig Geld ausgegeben wird. Die genauen Zahlen der ausgegeben Euros für die einzelnen Bereiche des täglichen Bedarfs stehen in den Säulen. So kann jede einzelne Familie ihr Konsumverhalten überprüfen.

Das *Kreisdiagramm* ist in Abschnitte (Kuchenstücke) eingeteilt. Der „ganze Kuchen" entspricht 100 %, in unserem Beispiel sind das alle Ausgaben für das Wohnen.
Die einzelnen Kuchenstücke geben detailliert Einzelposten und Prozentwerte an. Auffallend hoch ist der Anteil der Miete an den gesamten Ausgaben für Wohnen. Über Art, Größe und Lage der Wohnung sagt das Schaubild nichts aus.

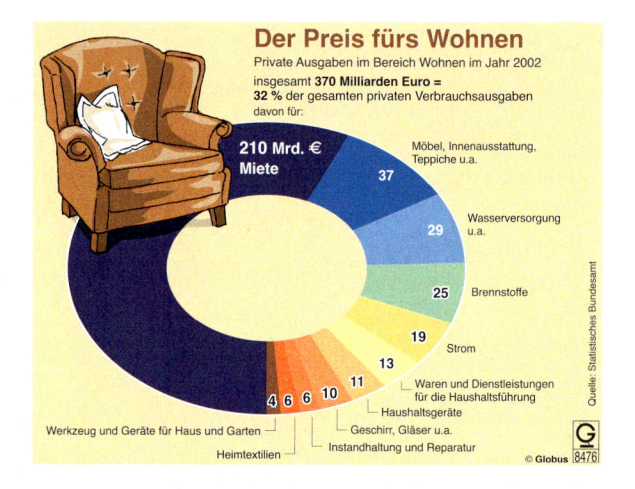

Aufgabe
Erstelle auf kariertem Papier selbst ein Säulendiagramm zu den Mengenverhältnissen aus einem Rezept.

Planung von Lerneinheiten

In der achten Klasse kann jede Lerngruppe im Fach HsB wieder durch ihre aktive Mitplanung, Mitentscheidung und Formulierung von größeren Rahmenthemen die Schwerpunkte der unterrichtlichen Arbeit mitbestimmen. Als Ausgangspunkt eignen sich vier bis sechs Rahmenthemen, die als Motto, Frage oder Aussage festgehalten werden.

Selbst ausgewählte Themengebiete regen stärker zu intensiver und selbstständiger Auseinandersetzung an als vorgegebene Lerninhalte. Zudem ermöglichen Rahmenthemen Querverbindungen innerhalb des Faches und zu anderen Fächern. Dadurch wird das Lernen leichter, interessanter sowie zeitsparender, und vor allem effektiver. Denn das Erkennen von größeren Zusammenhängen vermittelt einen besseren Überblick, fördert das Vernetzen bekannter und neuer Inhalte im Gehirn und macht es leichter, Gelerntes zu behalten. Nur wer verstanden hat, was Sache ist, kann anwendbares und verfügbares Wissen und Können in neuen Situationen flexibel einsetzen.

Mögliche Themen für größere Lerneinheiten
- Selbst zubereitete Speisen und vorgefertigte Produkte – (k)eine Konkurrenz!
- Planung ist die halbe Arbeit – im Alltag und bei besonderen Anlässen!
- Generationen begegnen sich täglich in Familie, Schule und Beruf – wie profitieren wir davon?
- Wie können wir im Umgang mit (kleineren) Kindern Verantwortung übernehmen und die Kinder fördern?
- In welchen Situationen können Selbstbeobachtung, Selbsteinschätzung und Konfliktstrategien (aus HsB-Unterricht) nützlich sein?
- Wie können wir in HsB Informationen beschaffen und Erkenntnisse interessant präsentieren?

Selbstständig lernen und arbeiten mit dem Buch
Das Buch ist eine Hilfe zur selbstständigen Auseinandersetzung und Bearbeitung von theoretischen und praktischen Inhalten. Lesen ist die Grundlage für das geistige Erfassen der Informationen und für die gedankliche Einordnung in größere Zusammenhänge. Die Fähigkeit, Gelesenes in eigene Worte fassen zu können oder praktisch umzusetzen, ist Grundlage für Wissenszuwachs. Mit dem Buch lassen sich sowohl praktische als auch geistige Kompetenzen trainieren. Das eigenständige Erschließen von Informationen ist eine wesentliche Voraussetzung für das (lebenslange) Lernen. Und das will geübt sein!

Das Buch eignet sich zur
- Planung von Lerneinheiten,
- Information über einzelne Teilthemen,
- Bearbeitung von Themen in Einzel-, Partner- oder Gruppenarbeit,
- Kontrolle des Gelernten und zum Nachschlagen,
- vorbereitenden oder nachbereitenden Bearbeitung von Aufgaben,
- Aneignung von Methoden,
- eigenständigen Vorinformation über nachfolgende Themen.

Tipp:
Bearbeite diese Seite zusammen mit deiner Lehrerin/deinem Lehrer.

Weitere Informationsquellen neben dem Buch sind z. B. Zeitungen, Broschüren, Software und das Internet.

Beispiel für die Planung einer größeren Lerneinheit:
Planung ist die halbe Arbeit – im Alltag und bei besonderen Anlässen!

Vorwissen	Fragen/Wünsche	Passende Themen aus dem Buch	Passende praktische Aufgaben
Planen ist wichtig beim Einkauf, bei der Zusammenstellung von Speisen, bei der Vor- und Zubereitung von Speisen	Was muss bei der Organisation beachtet werden? Wie organisiere ich eine umfangreiche Kochaufgabe?	Organisationsplan allein und im Team S. 6/7 Fit im selbstständigen Planen S. 124 Planen von „5 am Tag" (Gemüse und Obst halten gesund) S. 45	Gefüllter Hackbraten, Kartoffelbrei, Gurkensalat S. 6 Kürbissuppe S. 26 Marinierte Zucchini S. 26 Ratatouille S. 36
Vorratshaltung	Welche Vorräte gibt es? Welche Vorräte kann man selbst herstellen? Wodurch werden Lebensmittel länger haltbar?	Vorrat spart Zeit und Geld, Vorratsarten und ihre Lagerung S. 10–11 Prinzip der Haltbarmachung S. 12–15, 27 Sinnvolle Resteverwertung spart Geld S. 16–17	Herbstmarmelade S. 12 Rotgelbes Paprikarelish S. 13 Tiefgefrieren von Gemüse S. 14 Tiroler Gröstl S. 16 **Internet:** Vorschläge zur Vorratshaltung
Planen von Ausgaben	Wie geht man sparsam mit Geld um?	Überblick über Einnahmen und Ausgaben S. 20 Sparsamer Umgang mit dem Taschengeld S. 21	Jede Gruppe wählt selbstständig ein preiswertes Saisongericht aus (Einkaufszettel, Eintrag ins Haushaltsbuch).
Planen einer Einladung oder eines Projekts (z. B. Planen des Themas, der Zeit, der Arbeitsverteilung, der Ergebnispräsentation)	Wie können wir ein selbst hergestelltes Produkt mit Gewinn verkaufen? Wie betreuen wir jüngere Kinder richtig? Was können uns ältere Menschen von früher erzählen und zeigen?	Projekt: Eigenproduktion und Vermarktung S. 18/19 Ein gemeinsames Vorhaben planen und gestalten S. 98 Projekt: Generationen im Dialog – Esskultur – früher und heute S. 112	Pizza S. 134 Brotgesicht S. 100 Pfirsichsonne S. 100 Quarkschmarren mit Erdbeeren S. 106 **Zeitzeugen (Experten) einladen; Print-Produkt in Zusammenarbeit mit KtB S. 116 ff.**

Aufgaben

1 Sprecht euch in der Gruppe ab und formuliert ein übergeordnetes Thema als Frage, Aussage oder Motto.

2 Notiert dazu euer Vorwissen und euere Fragen und Wünsche.

3 Sucht aus dem Inhaltsverzeichnis des Buches die passenden Themen aus den verschiedenen Kapiteln heraus.

4 Stellt geeignete Praxisaufgaben aus dem Buch vor und einigt euch bei unterschiedlichen Vorschlägen demokratisch.

5 Holt weitere Informationen zu den Teilthemen der gewählten größeren Lerneinheit aus verschiedenen Quellen ein.

(m) 6 Legt selbstständig fest, welchen aktiven Beitrag jeder bei der Bearbeitung übernehmen kann.

(m) 7 Stellt die Ergebnisse der Planung auf einem Plakat zusammen.

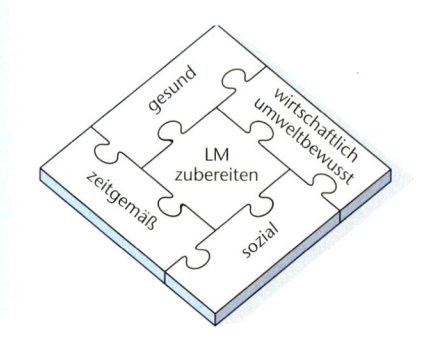

Rezepte

Suppen – einfach bis festlich

Grundrezept Fleischbrühe

250–500 g Rindfleisch (Brustspitz, Zwerchrippe, Brustkern)
1 Bund Suppengrün
1 Zwiebel mit Schale
1 1/2 l Wasser
Salz

Fleisch und Knochen waschen, Suppengrün putzen und klein schneiden, Zwiebel waschen und halbieren. Kalt zusetzen. Fleisch in die *kochende Brühe* geben und ca. 1 1/2 Stunden garen.
Fleisch herausnehmen, Brühe abseihen und abschmecken.
Tipp: Garzeit im Dampfdrucktopf nur ca. 30 Minuten.

- festlich

Französische Zwiebelsuppe

1–2 Essl. Öl
4 große Zwiebeln
1 Knoblauchzehe
Pfeffer, Salz
1 Prise Zucker
1 l Fleischbrühe
4 Scheiben Toastbrot
4 Essl. geriebener Emmentaler

Zwiebel in dünne Ringe schneiden und im heißen Fett *goldgelb anschwitzen*. Gehackten Knoblauch zugeben und mit heißer Brühe aufgießen.
25 Minuten *köcheln* lassen.
Brot *toasten*, Käse darüber geben, im Backrohr bei 200 °C *überbacken*, bis der Käse geschmolzen ist. Die Zwiebelsuppe abschmecken, mit den getoasteten Scheiben in der Suppenschüssel oder in Suppentassen servieren.

- preiswert, festlich, Schnellgericht

Grundrezept Knochenbrühe

500 g Suppenknochen
1 Markknochen
1 Bund Suppengrün
1 Zwiebel mit Schale
1 1/2 l Wasser
Salz

Knochen gründlich waschen, Suppengrün putzen, waschen und grob schneiden. Die Zwiebel waschen und halbieren. Alle Zutaten in *kaltem Kochwasser* zusetzen, zum Sieden bringen und bei mäßiger Hitze 1 1/2 Stunden garen.
Die Brühe abseihen und abschmecken.
Tipp: Garzeit im Dampfdrucktopf nur ca. 30 Minuten.

- preiswert

Bratnockerlsuppe und Lebernockerlsuppe

1 1/4 l fertige Brühe
125 g Kalbsbrät oder Leber
1 Ei
1 Prise Muskat bzw. Majoran für Leber
1 Prise Pfeffer
1–2 Essl. Semmelbrösel
Kräuter

Zutaten zu glattem Teig rühren, abschmecken. *Brühe zum Kochen bringen*, Nockerl einlegen, 20 Minuten leicht kochen lassen, abschmecken und mit Kräutern anrichten.
Tipp: Aus dem Nockerlteig können auch Spätzle hergestellt werden. Garzeit: 10 Minuten.

- preiswert, festlich

Grundrezept Gemüsebrühe

1 Essl. Öl
2 Bund Suppengrün oder
1–2 Gelbe Rüben
1 Stück Lauchstange
1 kleines Stück Sellerie
1 Zwiebel mit Schale
1 Blatt Liebstöckl
1 1/2 l Wasser
Salz

Gemüse putzen, waschen, grob schneiden, Zwiebel waschen und halbieren. Das Gemüse in Öl *andünsten*, aufgießen und 30–40 Minuten garen. Die fertige Brühe abseihen und abschmecken.
Tipp: Soll Gemüse in der Suppe bleiben, vor dem Andünsten in kleine Würfel schneiden.

- Geeignete Einlagen für alle Brühen sind: Nudeln, Reis, Eierstich, Hackfleischbällchen, Kartoffeln, Gemüse.

- preiswert

Hauptgerichte – Fisch oder Fleisch

Gedünsteter Fisch

600–750 g Fischfilet
1 Zitrone
Salz
40 g Fett
1 kleine Zwiebel
1 Bund Suppengrün
Petersilie
2–3 Essl. Wasser oder Wein
3 Essl. Sahne

Fischfilet vorbereiten, klein geschnittenes Suppengrün in *heißem Fett weich dünsten*, einen Teil des Gemüses auf den Topfboden verteilen, Fischfilet darauf geben, mit dem restlichen Gemüse bedecken, Flüssigkeit und Rahm zugeben, zugedeckt 20–30 Minuten gar dünsten.
Tipp: Da Fisch leicht zerfällt, sollte er in feuerfester Form gegart und serviert werden.

- leicht verdaulich, mediterran

Gefüllte Zucchini

2 mittelgroße oder 4 kleine Zucchini
Salzwasser
1 Teel. Fett für die Form
Fülle:
2 Dosen Tunfisch in Öl
2 Eier
Salz
1 Essl. Parmesan
1 Prise Muskat
1 Prise Cayennepfeffer
1 Essl. Petersilie
evtl. 1–2 Essl. Semmelbrösel

Zucchini waschen, *der Länge nach halbieren*, Kerne entfernen. Zucchini in Salzwasser 6 Minuten kochen, herausnehmen und abtropfen lassen, mit Pfeffer würzen.
Fülle zubereiten:
Thunfisch zerpflücken, vorher Öl abgießen, Eier, Käse, Gewürze und Kräuter unterrühren, evtl. mit Semmelbröseln binden. Zucchini in gefettete Auflaufform legen, Fülle darauf verteilen, bei 175 °C ca. 30 Minuten garen.

- mediterran, preiswert, saisonal

Geschnetzeltes Züricher Art

500 g mageres Schweine- oder Kalbfleisch (Filet, Lende oder Schlegel)
1 Zwiebel
250 g Champignons
1 Essl. Öl (oder Butter)
Salz, Pfeffer
1 Essl. Mehl
1/8 l Brühe
1/8 l Sahne
1 Essl. Zitronensaft
1 Essl. Petersilie

Fleisch in Streifen schneiden, Zwiebel würfeln; Champignons putzen, waschen, in Scheiben schneiden. Fleisch *in heißem Fett* unter häufigem Wenden ca. 1 Minute leicht anbraten, herausnehmen, mit Salz und Pfeffer würzen. Zwiebeln in der Pfanne *andünsten*, Champignons zugeben und Mehl *stauben*, mit Brühe und Sahne *ablöschen* und einkochen, bis die Soße dicklich wird.
Fleisch zugeben und ca. 2 Minuten durchziehen lassen (bei Verwendung von Schlegeln verlängert sich die Garzeit auf insgesamt 10 Minuten).
Mit Salz, Pfeffer, Zitronensaft abschmecken und mit gewiegter Petersilie servieren.

- teuer, festlich

Paniertes Schnitzel oder Kotelett

4 Schnitzel, Koteletts oder Steaks
Salz
Pfeffer
2 Essl. Mehl
1 Ei
1 Essl. Öl
6–8 Essl. Semmelbrösel
2–3 Essl. Fett
Zitronenscheiben

Koteletts kurz waschen, trockentupfen, Fleisch würzen.
Das Bratgut zuerst in Mehl, dann in mit Öl verschlagenem Ei, dann in Semmelbröseln wenden (die Semmelbrösel evtl. mit geriebenem Käse oder gehackten Mandeln oder Kokosflocken mischen). Wasserfreies Fett in der Pfanne erhitzen, das *panierte Bratgut* einlegen. Bei schwacher Hitze bräunen, wenden und auch die zweite Seite braun backen.
Mit Zitronenscheibe *garnieren*.

- teuer, festlich

Hauptgerichte aus Topf, Form oder Pfanne

Grünkernküchlein

250 g Grünkern, mittelfein geschrotet
ca. ¹/₂ Liter Gemüsebrühe
1 kleine Zwiebel
1 Ei
100 g Rinderhackfleisch
50 g Semmelbrösel
Petersilie, Kräutersalz, Pfeffer
Fett zum Ausbacken

Den geschroteten Grünkern in die Gemüsebrühe rühren und aufkochen lassen, 10 Minuten quellen lassen. Grünkern mit gewürfelter Zwiebel, Ei, Rinderhackfleisch und Kräutern mischen. Küchlein formen, in Semmelbröseln wenden und auf beiden Seiten je 7 Minuten goldgelb backen.

- kochen mit ganzen Körnern, ideale Eiweißkombination, preiswert

Süß-pikante Reispfanne

1 Zwiebel
20 g Butter
200 g Naturreis
600 ml Gemüsebrühe
3 mittelgroße Möhren
¹/₂ Stange Lauch
100 g Rosinen
125 g Erdnüsse
1 Essl. Honig
Saft von ¹/₂ Zitrone
Salz
Kurkuma
frische Ingwerwurzel

Zwiebel schälen, vierteln und in heißem Fett glasig dünsten. Reis zugeben, mit der Gemüsebrühe angießen, aufkochen und ca. 30 Minuten ausquellen lassen. Möhren und Lauch putzen, waschen, in feine Stifte bzw. Ringe schneiden. Mit den Rosinen und den leicht angerösteten Erdnüssen zu dem Reis geben und ca. 5–10 Minuten mitgaren. Abschmecken.

- vegetarisch, preiswert, mediterran

Sommerlicher Gemüsetopf

1 große Gemüsezwiebel
2 Knoblauchzehen
1 Paprika
1 Zucchini
¹/₂ Gurke
¹/₂ Aubergine
einige Blumenkohlröschen
150 g Champignons
3–4 Tomaten
2–3 Essl. Olivenöl
¹/₈ l Gemüsebrühe
Salz, Pfeffer
Kurkuma
¹/₂ Teel. Honig
¹/₂ Bund Petersilie oder Thymian
3 Essl. gekeimte Weizenkörner

Zwiebel in Scheiben schneiden und Knoblauch zerdrücken. Das Gemüse, je nach Sorte, in Streifen oder Achtel schneiden und alles zusammen in heißem Olivenöl andünsten. Mit der Gemüsebrühe aufgießen und würzen. Im geschlossenen Topf ca. 15 Minuten garen. Die geschnittene Petersilie und die gekeimten Körner zugeben.

Tipp: Mit Crème fraîche lässt sich der Gemüsetopf verfeinern.

- Schnellgericht, preiswert, mediterran, saisonal

Gratinierte Steckrüben

ca. 600 g Steckrüben
ca. 2 l Wasser, wenig Salz
2 Zwiebeln, fein gewürfelt
etwas Öl
etwas Weizenvollkornmehl
ca. 150 ml Gemüsebrühe
200 ml Sahne
150 g geriebener Bergkäse
Salz, Pfeffer, Muskat
2–3 Essl. Haselnüsse, grob gehackt
1 Möhre, geraspelt

Die Steckrübe schälen, halbieren und in dünne Scheiben schneiden. In leicht gesalzenem Wasser ca. 15 Minuten garen. Öl erhitzen, Zwiebeln und Mehl darin anschwitzen und mit der Gemüsebrühe aufgießen. Sahne zugeben und kurz kochen lassen. Den geriebenen Käse in die Sauce einrühren und nach Geschmack würzen. Steckrüben abgießen und abtropfen lassen. Eine feuerfeste Form ausfetten und die Scheiben schuppenartig aufeinander schichten. Die Käsesoße über die Scheiben gießen und mit den Haselnüssen bestreuen. Im vorgeheizten Backofen bei 220 °C ca. 10 Minuten überbacken (gratinieren). Das fertige Gratin mit Möhrenraspeln garnieren und servieren.

- saisonal, preiswert, vegetarisch

Hauptgerichte – Aufläufe fruchtig bis süß

Hirsebrei

250 g Hirse
³/₄ l Milch
1 Prise Salz

Hirse, Milch und Salz zusammen in einen Topf geben, aufkochen und bei geringer Hitze etwa 20 Minuten *ausquellen* lassen.

- mit Zucker und Zimt ein beliebtes Kindergericht

Hirse-Weintrauben-Auflauf

1 Rezept Hirsebrei
2 Eier, getrennt
1 abgeriebene
unbehandelte Zitrone
350 g blaue und grüne Trauben
2 Essl. flüssiger Honig
Fett für Auflaufform

Hirsebrei vorbereiten oder weiter verarbeiten. Eier trennen, Eigelb mit Honig und Zitronenschale *schaumig rühren*, die gewaschenen, halbierten und entkernten Trauben zugeben, alles miteinander vermengen und kurz durchziehen lassen.
Den abgekühlten Hirsebrei mit der übrigen Masse verrühren, *steif geschlagenen Eischnee unterheben*. In gefettete Auflaufform füllen und im Backrohr bei 200 °C ca. 45 Minuten backen. Den Auflauf mit Trauben verziert servieren.

- ideale Eiweißkombination, preiswert, festlich als Dessert

Hirseflocken-Quark-Auflauf

2 mittelgroße Äpfel
Saft von ¹/₂ Zitrone
2 Eier getrennt
250 g Magerquark
3 Essl. Milch
2 Essl. Honig
50 g Hirseflocken
Fett für die Form
2 Essl. gehackte Mandeln
zum Bestreuen

Die Äpfel waschen, schälen, vierteln, das Gehäuse entfernen und in dünne Scheiben schneiden, mit Zitronensaft beträufeln.
Eigelb mit Magerquark, Milch und Honig verrühren, die *Hirseflocken unterheben*. Das Eiklar steif schlagen und zusammen mit den Apfelscheiben unter die Quarkmasse heben, in eine feuerfeste, ausgefettete Form füllen und bei 180 °C ca. 35 Minuten backen.
Mit gehackten Mandeln bestreuen. Dazu passt eine Fruchtsoße.

- preiswert, ideale Eiweißkombination

Reisauflauf mit versunkenen Äpfeln

(siehe Süßer Auflauf, S. 85)
4–6 kleine Äpfel
Marmelade oder
Preiselbeeren
Butterflocken

Süßen Auflauf herstellen, in gefetteter Auflaufform glatt streichen, Äpfel waschen, *Kernhaus ausstechen*, schälen, in gleichmäßigem Abstand in die Reismasse setzen, mit Marmelade füllen, mit *Butterflocken belegen*, 50–60 Minuten bei 200 °C backen, eventuell mit Vanillesoße reichen.

- ideale Eiweißkombination, preiswert

Quarkauflauf

750 g Äpfel, Birnen oder Aprikosen
Schaummasse:
4 Eier, getrennt
1 Prise Salz
150 g Zucker
1 P. Vanillinzucker
500 g Magerquark
¹/₂ Zitrone
125 g Grieß
2 ¹/₂ Teel. Backpulver

Obst vorbereiten, *Schaummasse herstellen*, Geschmackszutaten, Quark und mit Backpulver gemischten Grieß *unterrühren*, steifen Eischnee *unterheben, schichtweise* mit dem Obst in die gefettete Auflaufform geben (oberste Schicht = Quarkmasse), glatt streichen, 35–45 Minuten bei 200 °C backen, mit Vanillesoße servieren.

- ideale Eiweißkombination, preiswert

Süßer Milchbrei
Süßer Auflauf

Grundmasse (Milchbrei):
1 l Milch
1 Prise Salz
200 g Grieß oder
Rundkornreis
Schaummasse:
50 g Butter oder Margarine
1 Prise Salz
60 g Zucker
2–3 Eier, getrennt
10 g Fett für die Form

(a) Reisbrei:
Reis verlesen, gründlich waschen, *Topf kalt ausspülen*, Milch, Salz und Reis zugeben, *zum Kochen bringen*, 20 Minuten *quellen lassen* (dabei gelegentlich umrühren).
(b) Grießbrei:
Milch und Salz *zum Kochen bringen*, Grieß unter Rühren einstreuen, 10 Minuten *quellen lassen*; Milchbrei kalt stellen.

Margarine mit Zucker und Eigelb schaumig rühren, den abgekühlten Brei löffelweise unterrühren. Steif geschlagenen Eischnee unterheben, Masse in gefettete Auflaufform füllen, glatt streichen, evtl. mit Butterflocken belegen, sofort backen.

- preiswert

Beilagen – von Kartoffeln über Reis bis Knödel

Pellkartoffeln

750–1000 g Kartoffeln
Wasser

Kartoffeln gründlich waschen, im kalten Wasser oder im Dämpfer zusetzen, 30–45 Minuten garen.
Tipp: Garzeit im Dampfdrucktopf nur 15 Minuten.

- Schnellgericht, preiswert, leicht verdaulich

Kartoffelpuffer

1 kg Kartoffeln
1 Zwiebel
1 gestrichener Teel. Salz
60 g Haferflocken
2 Eier, getrennt
Öl oder wasserfreies Fett
zum Ausbacken

Die rohen, geschälten Kartoffeln *reiben*, die Zwiebel ebenso und beides *vermengen*. Salz, Haferflocken und Eigelb unterrühren, das Eiweiß als Schnee *unterziehen*. In der Pfanne jeweils drei Kartoffelpuffer ausbacken.

- preiswert

Schweizer Rösti

1000 g Pellkartoffeln vom Vortag
100 g Butter oder Margarine
Salz
$1/2$ Tasse Milch
Fett zum Ausbacken

Die geschälten Kartoffeln grob *raspeln*, Fett in großer Pfanne erhitzen, Kartoffeln zugeben, salzen, einige Male wenden. Anschließend Kartoffeln *flach drücken*, Milch löffelweise darüber geben und Pfanne zudecken. Bei kleiner Hitze ca. 20 Minuten *backen*. Pfanne ab und zu schütteln, damit das Rösti nicht anbäckt.
Tipp: Mit geriebenem Käse (in die Kartoffelmasse geben) wird Rösti zum Hauptgericht.

- preiswert, festlich als Beilage

Salzkartoffeln

750–1000 g Kartoffeln
Salzwasser

Kartoffeln waschen, schälen, waschen, der Länge nach vierteln, im Salzwasser 20–25 Minuten kochen oder mit Salz bestreut im Dämpfer 20–30 Minuten dämpfen.
Tipp: Garzeit im Dampfdrucktopf nur 5 bis 8 Minuten.

- preiswert, leicht verdaulich

Kartoffelbrei

750–1000 g Salzkartoffeln
$1/4$–$3/8$ l heiße Milch
1 Essl. Butter
1 Prise Muskat, evtl. Salz

Kartoffeln heiß stampfen, heiße Milch, etwas Butter mit dem elektrischen Handrührgerät unterrühren und abschmecken.

- preiswert, leicht verdaulich, ideale Eiweißkombination

Grundrezept Kartoffelteig

1 kg Kartoffeln
80–100 g Mehl
1 Essl. Salz
1 Prise Muskat
1–2 Eier

Pellkartoffeln schälen, *heiß durchpressen*, auf Brett ausgebreitet auskühlen lassen, Kartoffeln mit Mehl besieben, salzen, mit zwei Gabeln mischen (abbröseln), Brösel zu einem Berg zusammenschieben, Vertiefung eindrücken, Ei zugeben, mit den Kartoffeln mischen, rasch zum Teig zusammendrücken, *Rolle formen*.

Kartoffelküchlein

Kartoffelteig
80 g Fett (wasserfrei)

Von der Kartoffelteigrolle 1 cm dicke Scheiben abschneiden, flach drücken, nachformen, 5–10 Minuten im *heißen Fett* auf beiden Seiten *goldbraun ausbacken*.

- preiswert, ideale Eiweißkombination

Bunter Gemüsereis

1 Essl. Margarine
1/2 Zwiebel
250 g Reis (2 Tassen)
1/2 l Wasser (4 Tassen) oder Brühe
Salz
1 Gelbe Rübe
1–2 Essl. Mais oder Erbsen bzw. Pilze oder Gemüse nach Saison

Gelbe Rübe vorbereiten, würfeln, mit der gewürfelten Zwiebel *andünsten*, wie *gedünsteter Reis* fertig stellen, kurz vor Ende der Garzeit Gemüse zugeben, abschmecken, evtl. als *Reisrand oder Türmchen* anrichten. (Garzeit ca. 20 Min.)

- Schnellgericht, preiswert, saisonal

Lesco

2 Essl. Öl
300 g Paprikaschoten oder Gurken oder Zucchini
300 g Tomaten
1 Zwiebel
Salz
Pfeffer
evtl. 100 g Reis
Brühe
evtl. Sauerrahm

Tomaten häuten, in Spalten schneiden, Paprikaschoten und Zwiebel in feine Ringe schneiden. Gemüse *andünsten*, evtl. gewaschenen Reis zugeben.
So viel Brühe aufgießen, dass alle Zutaten bedeckt sind, salzen, würzen und *gar dünsten* lassen, 10 bzw. 20 Minuten mit Reis. Mit Sauerrahm abschmecken.

- mediterran, Schnellgericht, preiswert

Beilagen – Gemüse von Frühjahr bis Winter

Blattspinat pikant

750–1000 g Spinat
Wasser, Salz
250 g Gemüsezwiebeln
1 Essl. Zucker
1 Essl. Öl
2 Essl. Zitronensaft
Streuwürze, Pfeffer
1–3 Essl. Sahne

Spinat *verlesen, gründlich waschen, blanchieren*: in kochendem Salzwasser zwei Minuten kochen lassen, in einen Seiher geben, Spülbecken mit kaltem Wasser füllen, Seiher kurz eintauchen (Spinat verliert dadurch den herben Geschmack). Zwiebel häuten, vierteln, in Streifen schneiden. Fett erhitzen, Zucker zugeben, so lange erhitzen, bis sich der Zucker aufgelöst hat, Zwiebeln zugeben und weich dünsten, Spinat vorsichtig untermischen, fünf Minuten dünsten, mit angegebenen Zutaten abschmecken.

- preiswert

Brokkoli mit Mandelblättchen

1 Brokkoli
Wasser, Salz
1 Essl. Butter
50 g gehobelte Mandeln

Brokkoli putzen, waschen, in Röschen teilen, in Salzwasser *bissfest garen*.
Mandeln in geschmolzener Butter goldgelb rösten, Mandeln aus der Pfanne nehmen, Brokkoli in der Pfanne leicht in Butter schwenken, mit Mandeln bestreut servieren.

- festlich, saisonal

Glasierte Gelbe Rüben

250–500 g Gelbe Rüben
1 l Salzwasser
1 Teel. Zucker
1–2 Essl. Butter
etwas Pfeffer

Gelbe Rüben putzen, waschen, schälen, nochmals waschen und in *Juliennes schneiden*.
Kurz in Salzwasser *blanchieren*, anschließend in Zucker, Butter und Pfeffer schwenken. Sofort servieren.

- festlich

Wirsinggemüse

750–1000 g Wirsing
Helle Grundsoße:
15 g Fett
15–20 g Mehl
¼ Zwiebel
¼–⅜ l Flüssigkeit
1 Prise Muskat
etwas Kümmel
etwas Sahne

Wirsing putzen, vierteln, gründlich waschen, 30 Minuten kochen, abseihen, grob schneiden oder wiegen.
Helle Grundsoße: Fett erhitzen, klein geschnittene Zwiebel und Mehl zugeben, goldgelb rösten, mit lauwarmer Flüssigkeit aufgießen, ca. 10 Minuten kochen lassen.

Kurz vor Ende der Garzeit Gemüse zugeben, kurz mitkochen lassen und abschmecken.

- preiswert, saisonal

Gedünstetes Blaukraut

750–1000 g Blaukraut
40 g Fett
½ Zwiebel
Salz, Wasser
1 Essl. Zucker
1 Essl. Öl
1–2 Äpfel
4 Essl. Essig
1 Zwiebel
2 Nelken
etwas Brühe

Blaukraut putzen, waschen, vierteln und in feine Streifen hobeln. Zucker in heißem Fett auflösen und Blaukraut darin andünsten, Essig zugeben. Zwiebel häuten, mit Nelken bestecken und mitdünsten, Brühe angießen und würzen. Etwa 40 Minuten dünsten lassen. Zwiebel entfernen und Kraut abschmecken.
Tipp: Garzeit im Dampfdrucktopf 15 Minuten.

- saisonal, preiswert, festlich

Beilagen – Salate von roh bis gekocht

Tomaten mit Mozzarella und Basilikum (Caprese)

5 mittelgroße Tomaten
1 P. Mozzarella
1 Sträußchen Basilikum
Salz, Pfeffer
Balsamicoessig und Olivenöl

Tomaten vorbereiten, Tomaten und Mozzarella in Scheiben schneiden und *schuppenartig* auf einer Platte anrichten, salzen und pfeffern. Nach Belieben mit Balsamicoessig und Olivenöl beträufeln.

- mediterran

Kartoffelsalat

1 kg Kartoffeln
1 Zwiebel
Marinade:
⅛–¼ l Brühe
4–6 Essl. Essig
1 Prise Zucker, etwas Salz
2–3 Essl. Öl
oder ausgelassener Speck
zum Verbessern:
1–2 Essiggurken
1 Apfel oder gegartes Gemüse
1 Ei

Pellkartoffeln kochen, schälen, in feine Scheiben schneiden, Zwiebel fein würfeln, Salat *marinieren, durchziehen lassen*, Öl oder Majonäse zugeben, abschmecken.
Oder: Essiggurken, Gemüse oder vorbereiteten Apfel in Würfel oder Streifen schneiden, mit der Marinade zugeben, mit Eischeiben verzieren.

- preiswert

Rezepte

Grundrezept Salatmarinade

2–3 Essl. Essig oder Zitronensaft
2 Essl. Wasser
2 Essl. Öl
Salz
¼ Teel. Zucker
¼ Zwiebel
Salatkräuter (Dill, Petersilie, Schnittlauch, Zitronenmelisse, Borretsch)

Salat vorbereiten, je nach Art zerkleinern, Marinadezutaten vermischen, über den Salat geben, vorsichtig mischen, abschmecken, je nach Salatart etwas durchziehen lassen.
Tipp: Für eine *Rahmmarinade* müssen 4–6 Esslöffel Sahne oder Sauerrahm anstelle von Öl, für eine *Joghurtmarinade* ein halber Becher Joghurt anstelle von Öl zugefügt werden.

Grundrezept Salatmarinade für gekochte Salatzutaten

750–1000 g Gemüse (z. B. Kartoffeln, Gelbe Rüben, Blumenkohl, Bohnen, Rote Rüben)
⅛–¼ l Brühe
4–6 Essl. Essig
Salz
1 Prise Zucker
2–3 Essl. Öl oder ausgelassener Speck

Gemüse vorbereiten, garen, noch warm mit heißer Marinade mischen, durchziehen lassen, Öl oder ausgelassenen Speck zugeben, abschmecken.

Griechischer Salat

Salatgrundmarinade herstellen
1 Gurke
2 Zwiebeln
2–3 Tomaten
200 g Schafskäse
Oliven, Petersilie

Gemüse vorbereiten, Gurken würfeln, Tomaten in Scheiben, Zwiebeln in feine Ringe schneiden, Käse würfeln.
Zutaten *marinieren*, abschmecken und mit grob gehackter Petersilie anrichten.
Tipp: Als Öl möglichst Olivenöl verwenden. Zusammen mit Brot ist der Griechische Salat eine leichte Sommermahlzeit.

■ mediterran, Schnellgericht

Bayerischer Krautsalat

Salatgrundmarinade herstellen
375 g Weißkraut
Salz
etwas Kümmel
40 g geräuchertes Wammerl anstelle von Öl

Weißkraut putzen, waschen, sehr fein schneiden, etwas salzen, weich stampfen, mit Marinade und Kümmel mischen, durchziehen lassen.
Vor dem Anrichten die *ausgelassenen Speckwürfel* zugeben und abschmecken.

■ preiswert, saisonal

Backwaren – nach Grundrezepten hergestellt

Grundrezept Rührteig

250 g Butter
200 g Zucker
1 P. Vanillinzucker
1 Prise Salz
4 Eier
500 g Mehl
1 P. Backpulver
⅛ l Milch
Fett für die Form

1. Weiches Fett und Zucker in eine Rührschüssel geben und mit den Quirlen des Handrührgerätes so lange schlagen, bis sich beide Zutaten verbunden haben und der Zucker nicht mehr knirscht.
2. Ganze Eier aufschlagen, einzeln zur cremigen Zucker-Fett-Mischung geben und unterrühren. *Wichtig:* Jeweils vor Zugabe eines weiteren Eies so lange rühren, bis eine glatte Masse ohne sichtbare Eispuren entsteht.
3. Mehl und Backpulver mischen und zugeben. Bei mittlerer Stufe rühren, bis kein Mehl mehr sichtbar ist, das dauert höchstens drei Minuten. *Vorsicht:* Überrührter Teig wird beim Backen löchrig oder fällt zusammen.
4. Der Teig hat die richtige Konsistenz, wenn er schwer reißend vom Quirl fällt. Bleibt er fest daran hängen, löffelweise Flüssigkeit unterrühren. Ist er dagegen zu dünn geraten, löffelweise Mehl oder Semmelbrösel zufügen.

Tipps: Milch nach und nach zugeben, da zu weicher Teig beim Backen absinkt.
Backpulverteige sofort backen, damit die Lockerungskraft des Backpulvers erhalten bleibt.
Backofen in der ersten Hälfte der

Backzeit nicht öffnen; Kuchen fällt sonst zusammen.
Kuchen nach dem Backen mindestens 10 Minuten in der Form auskühlen lassen (evtl. feuchtes Tuch unterlegen), Kuchen bricht sonst leicht.

Geeignet für: Kastenkuchen, Napfkuchen, Tortenboden, Schlupfkuchen

Grundrezept Mürbteig

250 g Mehl
125 g Butter oder Margarine
60 g Zucker
1 Ei
1 Prise Salz

Gerührt:
1. Alle Teigzutaten – Mehl, Zucker, Ei und Fett – kommen gleichzeitig in die Schüssel. *Wichtig:* Butter oder Margarine sollen weich sein (Zimmertemperatur).
2. Mit dem Knethaken des Handrührgerätes – nicht mit den Quirlen – werden die Zutaten nur kurz vermengt. Das dauert höchstens eine Minute. Der Teig wird krümelig, ist also noch nicht geschmeidig und formbar.
3. Die krümelige Mischung auf die mit wenig Mehl bestreute Arbeitsfläche geben. Mit beiden Händen zusammennehmen und schnell zu einem glatten Teig formen. Das sollte nicht länger als eine halbe Minute dauern.
4. Auf keinen Fall zu lange kneten: Der Teig würde sich zu stark erwärmen, das Fett schmelzen.

Gehackt:
1. Mehl auf Tischplatte oder Backbrett sieben, mit Zucker und Salz mischen, hartes Fett würfeln, mit Pfannmesser oder Teigkarte abhacken, Teig kurz kneten, bis Fett und Mehl gut vermengt sind.
2. Masse zusammenschieben, Vertiefung eindrücken, Ei zugeben, mit Gabel oder Teigkarte verrühren.

Tipps: Für den gehackten Mürbteig sollte das Fett hart, für den gerührten Teig weich sein.
Beim Kneten rasch arbeiten, da der Teig sonst klebt.
Sollte der Teig beim Weiterverarbeiten kleben, stets kalt stellen – kein Mehl unterkneten.
Da der Teig sehr fetthaltig ist, kann das Fetten der Form entfallen.

Geeignet für: Süßes und pikantes Kleingebäck, Obstkuchen, Plätzchen

Grundrezept Quark-Öl-Teig

150 g Quark
6 Essl. Öl
1 Ei
2 Essl. Milch
1 Prise Salz
75 g Zucker
1 P. Vanillinzucker
300 g Mehl
3 Teel. Backpulver

Alle Zutaten mit den Knethaken des Rührgerätes rasch verkneten. Zutaten nur kurz zusammenkneten.

Tipp: Der Quark muss sehr trocken sein, da der Teig sonst klebt.
Geeignet für: Süßes und pikantes Gebäck vom Blech, Kleingebäck, Formgebäck

Grundrezept Baiser-Makronen-Teig

4 Eiklar
200 g Zucker oder Puderzucker
1 Prise Salz
$^{1}/_{2}$ Zitrone

Eiklar steif schlagen, zwei Drittel des Zuckers langsam unterschlagen, bis die Masse fest ist; den restlichen Zucker und die restlichen Zutaten rasch unterheben. Baisermasse in Spritzbeutel füllen.
Tipps: Eier sehr sorgfältig trennen. Eiklar muss sehr kalt sein.
Sehr feinen Zucker verwenden und sehr langsam zugeben, da die Masse sonst zusammenfällt. Baisermasse sofort weiterverarbeiten.
Baiser mehr trocknen als backen.
Geeignet für: Weihnachtsgebäck, Baisertörtchen, gespritzt zum Überbacken (z. B. Eis, Obstsalat)

Pizzaauswahl zum Projekt

Wie die Pizza Margherita zu ihrem Namen kam
Raffaelo Esposito, ein bekannter und geschätzter Pizzabäcker, kreierte für Königin Margherita eine Spezialpizza in den Nationalfarben Italiens: Basilikum für Grün, Mozzarella für Weiß und schließlich Tomaten für Rot. Die Königin zeigte sich von der Idee und dem vorzüglichen Geschmack begeistert. Seitdem wird die Pizza nach der Königin benannt und ist ein Klassiker auf der Speisekarte jeder Pizzeria.

Pizza individuell mit Hefeteig

375 g Mehl
20 g frische Hefe oder
1 Beutel Trockenhefe
1 Prise Zucker
3 Essl. lauwarme Milch
1 Prise Salz
1/8 l lauwarmes Wasser
4 Essl. Öl
Belag: „Vegetarisch":
1/2 Stange Lauch
1–2 Zucchini
200 g Champignons
2 Zwiebeln
1–2 Essl. Öl
Zusätzlich zur Wahl:
1 Dose Thunfisch oder
50 g Salami oder
100 g Schinken
1 Essl. Öl
1 P. pürierte Tomaten
1 Teel. Oregano
200 g geriebener Emmentaler

Mehl sieben, Mulde bilden, Hefe in Mulde geben, 1 Prise Zucker zufügen und mit der lauwarmen Milch *verrühren*; Frischhefe *gehen lassen*. Anschließend Salz, das lauwarme Wasser vermischt mit Öl nach und nach während des Vermengens mit dem elektrischen Handrührgerät (Knethaken) zugeben. Löst sich der Teig von der Schüssel, Teig kurz mit der Hand *durchkneten*. Teig auf ein mit Backtrennpapier belegtes Blech geben, mehrmals mit Gabel *einstechen*.

Zutaten für den Belag vorbereiten, Lauch in Streifen, Zucchini in feine Streifen schneiden, Champignons putzen, waschen, blättrig und die Zwiebeln in Ringe schneiden, alles in heißem Öl andünsten.
Teigplatte mit Mischung aus Öl, pürierten Tomaten und Oregano bestreichen und Belag gleichmäßig verteilen. Pizza bei 200 °C ca. 30 Minuten *backen*.

Gemüsepizza mit Quarkölteig

150 g Magerquark
6 Essl. Öl
1 Ei
2 Essl. Milch
1 Prise Salz
300 g Mehl, evtl. Vollkorn
3 Teel. Backpulver
Belag nach Wahl:
4 Essl. Tomatenpüree
Pfeffer, Oregano
1 Essl. Olivenöl
300 g blanchierter Blattspinat
3–4 Tomaten
150 g frische Tomaten
150 g frische Champignons
etwas Oregano
150 g Pizzakäse

Quark, Öl, Ei, Milch, Salz, Mehl mit Backpulver gemischt mit den Knethaken des elektrischen Rührgerätes rasch verkneten, anschließend auf dem bemehlten Brett kurz *durchkneten*. Teig auf mit Backtrennpapier belegtes Backblech geben, mit der Gabel mehrmals *einstechen*.
Tomatenpüree mit Olivenöl und Gewürzen mischen und auf die Teigplatte streichen. Blanchierten Blattspinat gut *abtropfen lassen*, Tomaten (von Stielansatz und grünen Stellen befreit) in Scheiben schneiden und die gewaschenen Champignons *blättrig schneiden*. Beliebig auf der Teigplatte verteilen oder nach Kreissegmenten, etwas Oregano darüber streuen und die Pizza bei 200 °C Ober- und Unterhitze ca. 30 Minuten *backen*. Kurz vor Garzeitende Käse aufstreuen und nochmals 5 Minuten weiterbacken.
Tipp: Durch Zugabe von Hackfleisch oder Ei kann die vegetarische Pizza zur herkömmlichen abgewandelt werden.

Eiweißspritzglasur

150–180 g Puderzucker
1 Eiklar
2 Teel. Limetten- oder Zitronensaft

Den gesiebten Puderzucker mit dem Eiklar und dem Zitronensaft so lange rühren, bis eine glatte, seidig glänzende Glasur entstanden ist. Am einfachsten geht es mit dem Handrührgerät bei höchster Umdrehung. Je nach der gewünschten Konsistenz kann die Glasur mit Eiklar oder Puderzucker flüssiger oder dicker gehalten werden. Zum Spritzen soll die Glasur besonders zäh sein, damit der Spritzfaden nicht reißt. Die Schüssel immer mit einem feuchten Tuch abdecken, weil die Oberfläche schnell abtrocknet. Aus Eiweißspritzglasur runde Formen auf Pergamentpapier spritzen und 8–10 Stunden trocknen lassen.

- festlich

Getränke – erfrischend bis nahrhaft

Schwarzwälder Kirschmilch

1/2 l Milch
3 Essl. Kirschsaft
1 Essl. Quark
1 Teel. Kakao
Süßungsmittel nach Geschmack
einige Kirschen, entsteint
1/2 Becher Schlagsahne
1 Essl. Schokoraspeln

Milch, Kirschsaft, Kakao und Quark *mixen*, nach Bedarf süßen. In Portionsgläser verteilen, mit Schlagsahne, Kirschen und Schokoraspel anrichten und sofort servieren.

- nahrhaft, mineralstoffreich, eiweißreich

Muntermacher-Drink

1 Becher Jogurt
1/4 l Orangensaft
1 Essl. Zitronensaft
50 g Magerquark
1 Essl. Zucker oder Apfeldicksaft
Mineralwasser nach Bedarf

Alle Zutaten *mixen*, nach Geschmack süßen, in Gläser füllen und mit Mineralwasser aufgießen.

- nahrhaft, mineralstoffreich, eiweißreich

Teebowle

2–3 unbehandelte Zitronen
3/4 l Schwarzer Tee oder Melissentee
3–5 Essl. Ahornsirup
etwas Mineralwasser mit Kohlensäure

Zitronen in sehr dünne Scheiben schneiden, in den gekühlten Tee geben. Mit Ahornsirup süßen und mit etwas Mineralwasser *spritzen*. In einem Glaskrug anrichten.

- erfrischend, preiswert

Mangoshake

3/4 l Vollmilch
5 Essl. Mango-Vollfrucht
etwas Zimt
1–2 Essl. Honig
1/2 Glas Mineralwasser

Die Vollmilch mit Mango-Vollfrucht *verquirlen*, mit Zimt und Honig süßen und mit kaltem Mineralwasser auffüllen.

- nahrhaft

Apfelsaftschorle

1/2 l Mineralwasser
1 Zimtstange
1/2 l Apfelsaft
1 Apfel

Apfelsaft mit Mineralwasser mischen, den Apfel gut waschen, schälen und in kleine Stückchen schneiden. Die Apfelstückchen und die Zimtstange in die Schorle geben, zugedeckt ziehen lassen. Evtl. mit Eiswürfeln *servieren* und mit Apfelschale *garnieren*.

- erfrischend, preiswert

Nährwerttabelle

Der verzehrbare Teil von 100 g eingekaufter Ware enthält:

Lebensmittel 100 g essbarer Anteil	Eiweiß g	Fett g	Kohlen-hydrate g	Ballast-stoffe g	Energie kj	Energie kcal	Mineralstoffe Eisen mg	Mineralstoffe Calcium mg	Vitamine A µg	Vitamine B₁ mg	Vitamine B₂ mg	Vitamine C mg
FLEISCH UND WURSTWAREN												
Rinderfilet (mager)	19	4	+	0	490	116	2,1	3	–	0,1	0,1	1
Keule (Schlegel), Rind	21	7	+	0	630	150	2,6	13	10	0,1	0,2	1
Hackfleisch, Rind	23	13	+	0	880	209	2,2	12	0	+	0,2	1
Schweinelende	19	10	+	0	710	169	–	2	–	–	–	0
Schweineschnitzel	21	8	+	0	680	161	2,3	2	–	0,7	0,2	0
Schweinebauch	12	42	+	0	1840	438	–	1	–	0,4	0,1	0
Brathuhn	15	4	0	0	448	106	1,8	12	10	0,1	0,2	3
Truthahn	15	11	+	0	703	167	4,2	27	+	0,1	0,1	0
Geflügelwurst	16	5	0	0	460	109	–	–	–	–	–	–
Gelbwurst	12	33	+	0	1500	357	–	–	–	–	0,1	–
Leberwurst	12	41	0	0	1840	438	5,3	41	1460	–	0,9	0
Mettwurst	12	52	0	0	2225	529	1,6	13	0	+	–	–
Salami	18	50	0	0	2180	519	2,4	13	–	0,1	0,1	0
Fleischkäse (Leberkäse)	13	23	0	0	1120	266	–	4	–	+	0,2	0
Wiener Würstchen	15	21	0	0	1080	257	2,4	18	–	0,1	0,1	0
Schinken, gekocht	19	20	0	0	1150	273	2,4	10	+	0,5	0,3	0
FISCHE												
Kabeljau (Dorsch)	17	+	0	0	300	71	0,5	11	+	+	+	2
Rotbarsch (Goldbarsch)	18	4	0	0	470	111	0,7	22	12	0,1	0,1	+
Forelle	20	3	0	0	450	107	1,0	18	45	+	+	+
Bismarckhering	17	16	0	0	920	219	–	38	36	+	0,2	0
Tunfisch in Öl	24	21	0	0	1230	292	1,2	7	370	+	+	0
OBST												
Ananas, roh	+	+	14	0,4	240	57	0,4	16	10	0,1	+	20
Apfel	+	+	14	1,0	245	58	0,4	7	9	+	+	11
Apfelsine, Orange	1	+	11	0,6	210	50	0,4	30	15	0,1	+	50
Aprikose, roh	1	+	13	0,7	240	57	0,6	15	298	+	+	10
Banane	1	+	23	0,6	415	98	0,4	7	38	+	+	8
Birne	+	+	13	1,6	230	54	0,3	16	6	+	+	5
Erdbeere, roh	1	+	7	1,3	140	33	0,9	25	13	+	+	62
Himbeere	1	+	8	4,2	160	38	1,0	40	7	+	0,1	25
Johannisbeere, schwarz	1	+	12	3,2	225	53	1,2	53	23	0,1	0,1	180
Kirsche, süß	1	+	16	0,4	290	69	0,4	14	13	0,1	0,1	15
Pampelmuse/Grapefruit	1	+	10	0,3	180	42	0,3	20	3	+	+	41
Pfirsich	1	+	10	0,6	180	42	1,2	5	73	+	+	10
Pflaume	1	+	16	0,5	285	67	0,5	16	35	0,1	+	5
Weintraube	1	+	16	0,6	300	71	0,5	21	5	+	+	4
GEMÜSE												
Blumenkohl	2	+	4	0,9	105	25	0,6	20	21	0,1	0,1	70
Bohnen, grün	2	+	6	1,0	140	33	0,8	56	60	0,1	0,1	19
Chinakohl	1	+	2	0,5	67	15	0,6	40	13	+	+	36
Endivien	2	+	2	0,9	70	16	1,6	54	333	0,1	0,1	10
Erbsen, grün	5	+	10	2,0	260	61	1,8	23	53	0,3	0,1	9
Gurke	+	+	2	0,6	35	8	0,4	11	28	+	+	1
Kohlrabi	2	+	5	1,0	120	28	0,9	75	2	0,1	+	66
Kopfsalat	1	+	2	0,8	60	14	0,7	23	150	0,1	0,1	10
Möhren/Karotten	1	+	6	1,0	120	28	0,6	29	1120	0,1	+	7
Paprikaschoten	1	+	4	1,8	90	21	0,6	9	230	0,1	0,1	107
Porree/Lauch	2	+	6	1,3	140	33	1,0	87	333	0,1	0,1	30
Rosenkohl	4	+	6	1,6	180	42	0,9	24	65	0,1	0,2	84
Rotkohl/Blaukraut	2	+	5	1,1	120	28	0,5	35	5	0,1	+	50
Spinat, roh	2	+	2	0,6	75	17	5,2	83	816	0,1	0,2	51
Tomate	1	+	3	0,7	70	16	0,5	14	133	0,1	+	24
Weißkohl/Weißkraut	1	+	4	0,8	105	25	0,5	46	10	+	+	46
Zwiebeln	1	+	9	0,6	176	41	0,5	29	33	+	+	8

Zeichenerklärung: + = in Spuren; – = kann nicht bestimmt werden, da keine genaue Analyse vorliegt.

Anhang

Lebensmittel 100 g essbarer Anteil	Eiweiß g	Fett g	Kohlen-hydrate g	Ballast-stoffe g	Energie kj	Energie kcal	Mineralstoffe Eisen mg	Mineralstoffe Calcium mg	Vitamine A µg	Vitamine B$_1$ mg	Vitamine B$_2$ mg	Vitamine C mg
HÜLSENFRÜCHTE												
Bohnen, weiß	21	2	57	4,0	1400	333	6,0	105	65	0,5	0,2	3
Erbsen, geschält	22	1	59	3,1	1450	345	5,0	44	20	0,7	0,2	1
Linsen	24	1	56	3,9	1420	338	6,9	74	20	0,5	0,3	+
KRÄUTER												
Kresse	2	+	3	0,6	90	21	0,7	26	216	+	+	10
Petersilie	3	+	6	1,5	150	35	4,8	147	730	0,1	0,2	166
Schnittlauch	4	+	8	2,3	220	52	13,0	167	50	0,1	0,2	47
PILZE												
Champignons, frisch	3	+	3	0,9	105	25	1,1	10	+	0,1	0,5	4
Champignons, Dose	2	+	3	0,7	100	23	0,7	9	+	+	0,4	2
KARTOFFELN, -ERZEUGNISSE												
Kartoffeln, roh, o. Schale	2	+	19	–	350	83	1,0	13	3	0,08	+	15
Kartoffelpüree, trocken	8	1	79	2,4	1530	364	2,2	30	+	0,25	0,15	26
NÜSSE												
Erdnüsse, geröstet	26	49	18	2,7	2660	633	2,3	65	110	0,3	0,1	0
Haselnüsse	14	61	14	3,5	2855	679	3,8	226	4	0,4	0,2	3
GETREIDEERZEUGNISSE												
Weizenmehl, Type 1600	12	2	69	1,4	1449	345	3,3	38	60	0,45	0,17	0
Weizenmehl, Type 405	11	1	74	0,1	1460	347	0,7	15	+	0,06	0,03	0
Roggenmehl, Type 1800	11	2	70	1,6	1415	336	4,0	23	45	0,30	0,14	0
Reis, ganzes Korn, unpol.	7	2	75	0,7	1470	350	2,6	23	0	0,41	0,09	0
Reis, ganzes Korn, poliert	7	1	79	0,2	1480	352	0,6	6	0	0,06	0,03	0
Haferflocken	14	7	66	1,4	1680	400	4,6	54	0	0,59	0,15	0
Eierteigwaren, Nudeln	13	3	72	0,4	1580	376	2,1	20	60	0,20	0,10	–
Cornflakes	8	1	83	0,6	1600	380	2,0	13	0	–	0,05	0
MILCH/MILCHPRODUKTE, EI												
Vollmilch, 3,5 % Fett	3,5	3,5	5	0	275	65	0,1	118	22	+	0,2	2
Milch, entrahmt	4	+	5	0	145	34	0,1	125	+	+	0,2	2
Buttermilch	4	+	4	0	145	34	0,1	109	8	+	0,2	+
Jogurt, Vollmilch	5	4	5	0	310	73	0,2	150	28	+	0,3	2
Jogurt, aus entr. Milch	5	+	5	0	165	39	–	–	–	–	–	–
Schlagsahne, 30 % Fett	2	30	3	0	1260	300	+	75	240	+	0,2	1
Speisequark (40 % i. Tr.)	12	11	4	0	695	165	0,3	70	110	+	0,2	–
Speisequark, mager (10 % i. Tr.)	17	1	2	0	370	88	0,5	70	13	+	0,3	1
Doppelrahmfrischkäse	15	28	2	0	1480	352	–	34	320	+	0,3	0
Emmentalerkäse	27	31	3	0	1745	415	0,9	1180	370	+	0,3	+
Camembert (50 % i. Tr.)	18	26	2	0	1370	326	0,5	382	480	+	0,4	+
Hühnerei (Gesamtinhalt)	13	11	1	0	670	159	1,8	50	265	0,1	0,3	+
Hühnereidotter	16	32	+	0	1580	376	7,2	140	1490	0,3	0,4	+
Hühnereiklar	11	+	1	0	230	54	0,2	11	+	+	0,3	+
GETRÄNKE												
Apfelsaft	+	0	12	0,1	190	45	0,3	7	15	0,1	+	1
Apfelsinensaft, ungesüßt	1	0	11	0,1	200	47	0,3	15	12	0,1	+	42
Colagetränk	0	0	11	0	185	44	–	4	0	0	0	0
Karottensaft	+	+	6	–	110	26	–	27	–	–	–	4
Tomatensaft	2	+	4	0,3	100	23	0,8	12	117	+	+	15
ZUCKER, ZUCKERWAREN												
Honig	+	0	80	0	1380	328	1,3	5	0	+	+	2
Marmelade i. D.	+	0	66	1,0	1135	270	+	10	0	+	+	8
Schokolade, Vollmilch	9	32	55	0,4	2340	557	3,1	214	18	0,1	0,35	+
Zucker	0	0	100	0	1720	409	0,5	1	0	0	0	0
FETT/ÖLE												
Butter	1	83	1	0	3240	771	0,1	13	590	+	+	+
Margarine	1	80	1	0	3180	757	0,1	10	590	+	+	+
Halbfettmargarine	6	40	+	0	1620	385	–	–	–	–	–	–
Sonnenblumenöl	0	100	0	0	3880	923	0	0	4	0	0	0
Majonäse, 50 % Fett	1	52	5	0	2130	507	–	–	–	–	–	–

Zeichenerklärung: + = in Spuren; – = kann nicht bestimmt werden, da keine genaue Analyse vorliegt.

Obst- und Gemüsekalender

Obst- und Gemüsesorten	Jan.	Febr.	März	April	Mai	Juni	Juli	Aug.	Sept.	Okt.	Nov.	Dez.
Äpfel	●	●	●	●	○	○	○	●	●	●	●	●
Aprikosen					○	●	●	●	○			
Bananen	○	●	●	●	●	●	●	●	●	●	●	●
Birnen	○	○	○	○	○	○	○	●	●	●	●	●
Erdbeeren			○	○	●	●	●	○			○	○
Himbeeren						○	●	●	○			
Johannisbeeren						○	●	●				
Kirschen					○	●	●	○				
Kiwi	●	●	●	○	○	●	●	●	●	●	●	●
Orangen, Grapefruits	●	●	●	●	●	●	○	○	○	○	●	●
Pfirsiche				○	○	●	●	●	●	○	○	○
Pflaumen/Zwetschgen						○	●	●	●	○		
Quitten									●	●	●	
Weintrauben	○	○	○	○	○	○	●	●	●	●	●	○
Zitronen	●	●	●	●	●	●	○	○	○	●	●	●
Ackersalat (Feldsalat)	○	○	○							●	●	●
Auberginen		○	○	○	●	●	●	●	○	○		
Blumenkohl		○	○	●	●	○	●	●	●	●	○	○
Bohnen, grün					○	○	●	●	●	●	○	○
Brokkoli			○	○	○			●	●	●	●	
Chicorée	●	●	●	○						●	●	●
Endivien	●	●	●	○				●	●	●	●	●
Erbsen, grün				○	○	●	●	●				
Gurken	○	○	○	○	○	●	●	●	●	●	●	○
Kohlrabi		○	○	○	○	●	●	●	○	○		
Kopfsalat	○	○	●	●	●	●	●	●	●	○	○	○
Lauch (Porree)	○	○	○	○	○	○	●	●	●	●	●	●
Melonen					○	●	●	●	●	○	○	○
Möhren/Karotten	●	●	●	○	○	○	○	●	●	●	●	●
Paprikaschoten	○	○	○	○	○	○	●	●	●	●	●	●
Rettiche	○	○	○	○	●	●	●	●	●	○	○	○
Rhabarber			○	○	●	●	●	○				
Rosenkohl	●	●	○	○						○	●	●
Rotkohl, Weißkohl	●	●	●	○	○	○	●	●	●	●	●	●
Sellerieknollen	●	●	●	○					○	●	●	●
Spargel		○	○	●	●	●						
Spinat		○	●	●	●	○	○	○	○	○	○	
Tomaten	○	○	○	○	○	○	●	●	●	○	○	○
Zucchini (Zucchetti)	○	○	○	○	●	●	●	●	●	●	○	○
Zwiebeln	●	●	●	●	●	●	●	●	●	●	●	●

● = starkes Angebot   ○ = geringeres Angebot, auch aus Gewächshausanbau   ■ = aus heimischem Anbau

Glossar

Convenience-Food
Synonym für Fertiggerichte. Es sind verarbeitete Lebensmittel, die sofort oder nach dem Öffnen ihrer Verpackung und Erhitzung verzehrfertig sind. Im Haushalt und in der Gemeinschaftsverpflegung hilft Convenience-Food Zeit, Energie, Lagerplatz und Transportkosten zu sparen.

Energiewert der Nährstoffe
Ein Gramm Fett liefert: 38,9 kJ/9,3 kcal
Ein Gramm Eiweiß liefert: 17,2 kJ/4,1 kcal
Ein Gramm Kohlenhydrate liefert: 17,2 kJ/4,1 kcal

Genusswert
Lebensmittel und Speisen sollen den für sie typischen Geschmack, Geruch und ihre natürliche Farbe aufweisen. Für Beschaffenheit und Form ist die richtige Vor- und Zubereitung entscheidend.

Gesundheit
Gesundheit ist ein Zustand des körperlichen, geistigen und sozialen Wohlbefindens.

Gesundheitswert
Lebensmittel und Speisen haben einen hohen Gesundheitswert, wenn sie vollwertig sind, das heißt, wenn sie den Körper mit allen Nähr- und Ballaststoffen versorgen und ihr Gehalt an Rückständen und Schadstoffen so gering wie möglich ist. Je geringer ein Lebensmittel industriell aufbereitet wurde, je naturbelassener es also ist, desto wertvoller ist es für den Körper. Verdaulichkeit und Sättigungsgrad von Lebensmitteln und Speisen richten sich nach dem Ballaststoffgehalt, dem Fettgehalt, der Menge und der Zubereitung.

Grundrezept
In Grundrezepten stehen die Zutaten und Mengen im richtigen Verhältnis zueinander. Mit der sachgerechten Vor- und Zubereitung gelingt das Gericht. Durch Abwandlung der Geschmackszutaten, der Formgebung oder der Garmachungsart lassen sich eine Vielzahl anderer Gerichte daraus zubereiten. Grundrezepte geben Sicherheit in der Küchenpraxis und machen frei für Kreativität.

Lebenshaltungskosten
Lebenshaltungskosten sind der statistisch errechnete Wert, mit dem die durchschnittlichen Ausgaben eines privaten Haushalts angegeben werden. Die Teuerungsrate für die Lebenshaltung gehört zu den bekanntesten und von der Öffentlichkeit auch am aufmerksamsten verfolgten Zahlen der amtlichen Statistik. Die Statistik vergleicht die Ausgaben mit dem entsprechenden Monat des Vorjahres.

Nährstoffdichte
Unter Nährstoffdichte versteht man die Menge eines Nährstoffes in einem Lebensmittel im Verhältnis zum Energiegehalt. Sie ist eine wichtige Größe zur Beurteilung der Nährstoffversorgung und der Qualität eines Lebensmittels. Lebensmittel, deren Nährstoffdichte den in den Empfehlungen der DGE genannten Werten entspricht oder sie übersteigt, sind in der Ernährung bedeutsam. Dazu zählen z. B. Milchprodukte wegen ihres hohen Calcium- und Magnesiumgehaltes.

Ökologischer Wert
Ein Lebensmittel kann immer nur so gut sein wie die Umwelt, aus der es stammt. Es sollte so erzeugt, verarbeitet, verpackt und transportiert werden, dass der Verbrauch an Rohstoffen, Energie und Pflanzenschutzmitteln möglichst gering gehalten wird. Der zu hohe Fleischverbrauch führte zur Massentierhaltung mit allen Nachteilen, die wir heute kennen: Import von Futtermitteln aus der Dritten Welt, Einsatz gesundheitsschädlicher Antibiotika und Schädigung unserer Gewässer durch Überdüngung der Felder mit zu viel Gülle.

Ökonomischer Wert
Der Alltag in Beruf und Haushalt erfordert rationelles Wirtschaften mit Arbeitszeit, Kraft und Geld. Oft gilt es abzuwägen, ob der Einsatz eines elektrischen Gerätes dem Einsatz eines mechanischen vorzuziehen ist oder ob auf ein Halbfertigprodukt oder eine Konserve verzichtet werden kann. Ökonomisch kann es sein, einheimische Saisonware in größeren Mengen zu verarbeiten und zu bevorraten.

Schnellgericht
Schnellgerichte müssen in der heutigen Zeit mit Fastfood-Gerichten konkurrieren können. Sie sollen in 30 Minuten frisch vor- und zubereitet, vollwertig und preiswert sein.

Sekundäre Pflanzenstoffe
Sekundär heißt an zweiter Stelle. Sekundäre Pflanzenstoffe sind Verbindungen, die von den Pflanzen in geringen Mengen gebildet werden und wichtige Aufgaben erfüllen. Sekundäre Pflanzenstoffe sind z. B. Farbstoffe in Blüten, Wachstumsregulatoren, Farb- und Geschmacksstoffe in Früchten oder sie dienen zum Schutz der Pflanze vor Schädlingen und Krankheiten. Es gibt ca. 10.000 verschiedene sekundäre Pflanzenstoffe. Sie sind hitzeempfindlich, daher Gemüse schonend garen.

Sensorik
Unter Sensorik versteht man das Prüfen und Beurteilen von Lebensmitteln anhand von Farbe, Geruch, Geschmack, Aussehen und Beschaffenheit durch den Menschen. Die Sensorik dient der Qualitätsbeurteilung von Lebensmitteln.

Stationenlernen
Ein Thema wird in Teilgebiete aufgegliedert. Diese Teilthemen werden so aufbereitet, dass sie der Lernende selbstständig bearbeiten kann. Ein Laufzettel erleichtert das Festhalten der Ergebnisse. Nach dem Stationenlernen sollte eine gemeinsame Aussprache erfolgen, um den Lernzuwachs aufzuzeigen.

Symbol
Symbol ist ein Kennzeichen, Zeichen oder Sinnbild.

Symbolik
Symbolik ist die Kunde, Lehre, Wissenschaft von den Symbolen und ihrer Entstehung, Bedeutung, Verbreitung und Einordnung. Zunächst versteht man unter Symbolik die sinnbildliche Darstellung und Bedeutung. Symbole in der Religion sind z. B. Wasser, Brot, Wein, Honig, Milch usw. (Manfred Lurker, Wörterbuch der Symbolik, Stuttgart 1991, Seite 723). Wasser kann z. B. Symbol für Gott sein (siehe unten).

Symbolik von Brot
Brot als Hauptnahrungsmittel steht ganz allgemein auch für „Speise". Brot kann des „Menschen Herz" stärken. Der Bedeutung als Lebensspeise in einem umfassenden, geistig überhöhten Sinn wird das materielle Brot gegenübergestellt, von dem allein der Mensch nicht leben kann. Das Bewusstsein, dass wir alle ein- und denselben „Nährvater" haben, Gott als unseren „Schöpfer und Erhalter", könnte und müsste bei allen Menschen Solidarität, Toleranz und Geschwisterlichkeit bewirken. Das tägliche Brot ist mehr als ein irdisches Nahrungsmittel. Das Brot ist Zeichen für Gottes Liebe (nach Lurker, Seite 113).

Symbolik von Honig
Im griechischen Mythos ist Honig Götterspeise. Milch und Honig sind Symbole der altchristlichen Liturgie. Sie wurden in einer Mischung im Anschluss an die Taufe gereicht. Das „Land, wo Milch und Honig fließen" ist das „Gelobte Land", das Paradies und das Schlaraffenland (Lurker, Seite 325).

Symbolik von Milch
Als erstes Nahrungsmittel des Neugeborenen ist die Milch in ihrer Bedeutsamkeit dem Lebenswasser verwandt. Altägyptische Reliefs zeigen, wie der König die Milch vom Euter der Himmelskuh trinkt, d.h. himmlischer Kräfte teilhaftig wird. Milch – Himmel zeigt sich auch in dem Wort „Milchstraße". In altchristlicher Zeit hatten Milch und Honig die Bedeutung eines Heilmittels der Unsterblichkeit (Lurker, Seite 481).

Symbolik von Wasser
Bei Thales von Milet ist es der Ursprung aller Dinge. Biblisch ist der Gedanke vom „Wasser der Weisheit". Wasser ist ein elementares Symbol für Gott. Die Taufe ist ein offizielles Zeichen. Gott ist da für uns wie Wasser; Gott ist da für uns im Wasser (Lurker, Seite 816).

Tagesleistungskurve
Die Tagesleistungskurve informiert über Leistungsspitzen und Leistungstiefs im Tagesverlauf.

Glossar der Küche

Abbröseln
Verteilen von Fett im Mehl durch vorsichtiges Reiben zwischen den kalten Händen

Ablöschen
Aufgießen mit Flüssigkeit nach dem Bräunen von Garzutaten (z. B. Karamell)

Abschmecken
Abschließendes Würzen von Speisen

Abschrecken
Übergießen gekochter, noch heißer Lebensmittel mit kaltem Wasser (z. B. Eier, Teigwaren)

Aufgießen
Zugeben warmer oder heißer Flüssigkeit nach dem Andünsten, Anbraten oder Anschmoren

Auftauen
Tiefkühlkost sollte im Kühlschrank oder bei Raumtemperatur von unter 15 °C aufgetaut werden, um vermehrte Keimbildung zu vermeiden (besonders TK-Hähnchen).

Backen
Garen von Lebensmitteln und Speisen unter leichter oder stärkerer Bräunung und evtl. Krustenbildung in heißem Fett oder in heißer Luft

Anhang

Bemehlen
Bestreuen von Händen bzw. Arbeitsgeräten mit Mehl, um das Ankleben von Teigen zu verhindern

Binden
Andicken von Speisen durch Zugabe von Ei, Mehl (siehe auch Stauben) oder Soßenbinder (z. B. Suppen und Soßen)

Bratzutaten
Geschnittenes Wurzelwerk (z. B. Gelbe Rüben, Sellerie, Lauch, Petersilienwurzel), Zwiebeln und evtl. Brotrinde

Brühen
Übergießen von Lebensmitteln mit kochendem Wasser (z. B. Tee, Mandeln, Tomaten)

Dämpfen
Garen im Wasserdampf bei geschlossenem Topf

Dressing
Würzige Salatsoße

Druckgaren
Garen von Lebensmitteln, bei denen die Garzeit durch Überdruck und höhere Temperaturen verkürzt wird.

Dünsten
Garmachen im eigenen Saft unter Zugabe von etwas Fett und wenig Flüssigkeit im geschlossenen Topf

Garziehen
Garen von Lebensmitteln in Flüssigkeit knapp am Siedepunkt bei geöffnetem Deckel (z. B. Knödel)

Gratinieren
Abschließendes Bräunen vorgegarter Speisen im Backofen, um Krustenbildung zu erreichen (z. B. Auflauf).

Hacken
Zerkleinern von Lebensmitteln durch gleichmäßige Schneidebewegungen in senkrechter Richtung

Hobeln
Abschneiden feiner Scheiben (Gemüsehobel, Käsehobel)

Kneten
Mischen von Zutaten unter Druck oder mit einem Knethaken (z. B. Mürbteig)

Kochen
Garen von Lebensmitteln in reichlich Flüssigkeit

Legieren
Verfeinern und Binden von Suppen und Soßen durch Eigelb, das mit kaltem Wasser und heißer Flüssigkeit verrührt und anschließend in die nicht mehr kochende Speise eingerührt wird.

Marinade
Salatsoße

Mixen
siehe Pürieren

Panieren
Wenden von Lebensmitteln in Mehl, Ei und Semmelbröseln (z. B. Wiener Schnitzel)

Passieren
Gegarte Lebensmittel durch ein feines Sieb streichen (z. B. Kartoffelsuppe)

Portionieren
Gleichmäßiges Aufteilen und Schneiden von Lebensmitteln, Speisen oder Teigen

Pürieren
Zu Mus rühren roher Lebensmittel (z. B. Erdbeeren für Mixgetränke)

Putzen
Grobes Entfernen schadhafter Stellen an Lebensmitteln

Raspeln
Zerkleinern von Lebensmitteln in streifenartige Teilchen mit der groben Rohkostraffel

Reiben
Zerkleinern von Lebensmitteln in kleinste Teile mit der Rohkostreibe

Rühren
Gründliches Mischen von Lebensmitteln

Säuern
Beträufeln von Lebensmitteln mit Zitronensaft oder Essig, um zu bewirken, dass enthaltenes Eiweiß gerinnt und dadurch fester wird (z. B. Fisch). Säuern schützt Lebensmittel auch vor dem Verfärben (z. B. Äpfel).

Schälen
Entfernen der äußeren Schale an Lebensmitteln mit dem Kartoffelschäler oder Messer

Schaummasse
Fett-, zucker- und eireiche Masse, die durch eingerührte Luft locker wird

Schlagen
Einarbeiten von Luft in flüssige oder weiche Zutaten

Schwenken
Durchschütteln noch heißer Lebensmittel in heißem Fett (z. B. Petersilienkartoffeln) oder Erwärmen gegarter Lebensmittel in heißem Fett (z. B. Spätzle)

Stauben
Binden von Gerichten durch Überstreuen mit Mehl vor dem Aufgießen

Sud
Gewürzte Flüssigkeit zum Garen von Lebensmitteln (z. B. Apfelkompott)

Suppengrün
1 Gelbe Rübe, 1 Stück Lauch, 1 Stück Sellerie, 1 Petersilienwurzel

Tranchieren
Sachgerechtes Zerlegen von Fleisch, Geflügel und Wild. Fleisch wird dabei quer zur Faser geschnitten.

Überbacken
Leichtes Bräunen vorgegarter Speisen im Backrohr, um Krustenbildung zu erreichen (z. B. Auflauf, Toast).

Unterheben
Vorsichtiges Unterziehen luftiger Massen (Eischnee, Sahne) zum Lockern von Speisen

Vermengen
Vorsichtiges Mischen geschnittener Lebensmittel, die in ihrer Form erhalten bleiben sollen (z. B. Salate)

Waschen
Entfernen von Sand, Staub, Verunreinigungen, Kleinlebewesen und Insektiziden durch fließendes oder stehendes Wasser

Würzen
Zufügen von Geschmacks- und Geruchsstoffen

Rezeptverzeichnis

Apfelküchlein 9
Apfelsaftschorle 135
Apfelstrudel 66

Baiser-Makronen-Teig* 133
Bayerischer Krautsalat 132
Blattspinat pikant 130
Braten* 72
Braten mit Knödel und Kraut 72
Bratnockerlsuppe 125
Brokkoli mit Mandelblättchen 130
Brotgesicht 100
Bunter Gemüsereis 130

Cevapcici 114
Chinesische Putenrouladen 64

Eiweißspritzglasur 135

Fischfilet in pikanter Soße 70
Fischrouladen in Senfsoße 64
Fleischbrühe* 125
Französische Zwiebelsuppe 125
Frucht-Charlotte 90
Fruchtkaltschale 117
Fruchtsalat mit Mangopüree 79

Gedünsteter Reis* 34
Gedünsteter Fisch 126
Gedünstetes Blaukraut 131

Gefüllte Paprikahälften mit Reis 43
Gefüllte Zucchini 126
Gemüsebrühe* 125
Gemüsepizza mit Quarkölteig 134
Geschnetzeltes Züricher Art 126
Glasierte Gelbe Rüben 131
Gratinierte Gemüsesuppe 14
Gratinierte Steckrüben 127
Griechischer Salat 132
Grünkernküchlein 127

Hackbraten 6
Hack-Kraut-Pfanne 115
Herbstmarmelade 12
Hirsebrei 128
Hirseflocken-Quark-Auflauf 128
Hirse-Weintrauben-Auflauf 128

Kartoffelbrei 129
Kartoffelknödel* 72
Kartoffelküchlein 130
Kartoffelpuffer 129
Kartoffelsalat 131
Kartoffelteig* 130
Knochenbrühe* 125
Kohlrouladen/Krautrouladen 31
Kürbissuppe: nach Art der Puebloindianer 26

Lebernockerlsuppe 125
Lesco 130

Mailänder Fischauflauf 34
Mangoshake 135
Marinierte Zucchini 26
Mozzarella-Toast 33
Muntermacher-Drink 135
Mürbteig* 74, 133

Nussschnecken 94

Obstauflauf der Saison 48

Paniertes Schnitzel oder Kotelett 126
Paprikaschnitzel 57
Pellkartoffeln 129
Pfannkuchen 10
Pfirsichsonne 100
Pflaumenschnecken 94
Pizza individuell mit Hefeteig 134
Puten- oder Fisch-Nuggets 60

Quarkauflauf 128
Quark-Öl-Teig* 133
Quarkschmarren mit Erdbeeren 106
Quarktaschen 94

Ratatouille 36
Ravioli 114
Reisauflauf mit versunkenen Äpfeln 128
Reis-Getreide-Pfanne 102
Rhabarber-Dessert mit Eis 41
Rinderrouladen 64

Rotgelbes Paprikarelish 13
Rührteig* 74, 132
Salatmarinade* 132
Salatmarinade für gekochte Salatzutaten 132
Salzkartoffeln 129
Schinken-Käse-Taschen 94
Schwarzwälder Kirschmilch 135
Schweizer Rösti 129
Semmelknödel mit Pilzragout 52
Sommerlicher Gemüsetopf 127
Sommermarmelade 12
Spinat-Käse-Suppe 68
Springend gekochter Reis* 34
Steckrüben-Karoffel-Gratin 54
Strudelteig* 66
Süß-pikante Reispfanne 127
Süßer Auflauf 129
Süßer Milchbrei 129

Teebowle 135
Tiroler Gröstel 16
Tomaten mit Mozzarella und Basilikum 131

Wirsinggemüse 131

* Alle Grundrezepte sind mit einem * gekennzeichnet.

Stichwortverzeichnis

Absatzformatierung 118
Altenpflege 83, 89
Arbeitsplanung 6 f.
Arbeitsteilung 72, 106
Ausbildung 76 f., 79 f., 83, 89
Ausgaben 8 f., 19 ff., 23

Babysitter 100 f.
Babysitterpass 101
Bäcker/in 80
Bay. Erziehungs- und Unterrichtsgesetz 28
Bayerische Verfassung 101
Bekanntmachung Bay. Staatsministerium 97
Berufsentscheidung 85
Beurteilen 38 f., 61, 65
Bezugsperson 88, 98
Bildschirmansicht 116
Bio nach EU-Öko-Verordnung 8, 57
Biologische Wertigkeit 71
Blanchieren 14, 79
Body-Mass-Index 46 f.
Bombage 42
Brauchtum 104 f.
Bucheinsatz 123 f.
Buchweizen 48
Büfett 103
Bürgerliches Gesetzbuch 28

Checkliste 101
Convenience-Food 52 f., 60

Datenträger 116 f.
Diagramme 21 f., 44, 49, 122
Doppelklick 121
Drag and Drop 119
Drei-S-Regel 70
Dressieren 79

Ehrenamt 97
Eiereinkauf 8
Eigenleistung 12 f., 26, 73
Einfrieren 14 f., 27
Einkaufsgewohnheiten 8
Einkochen 12 f., 27
Einladung 118
Einnahmen 20 f., 23
Ernährung von Kleinkindern 98
Ernährungsempfehlungen 30, 32, 35 ff., 44 f.
Ernährungspyramide 32
Ernährungsverhalten 30, 34 f., 37 ff.
Erzieher/in 88
Esskultur 102 f., 112
Explorer 121

Fachbetrieb 90 f.
Fähigkeiten 84 f.
Fastfood 58–61
Fäulnis 42
Fertigprodukte 52 f., 58–61, 73
Fischarten 71
Fleischkonsum 56
Fleischqualität 56 f., 65
Formatierungsleiste 116
Freie Radikale 44
Frischvorrat 11
Führungspositionen 86–89

Garverfahren 62–65
Gelierhilfen 12
Generationen 112 f.
Genusswert 38 f.
Geschmacksmerkmale 61
Geschmacksverstärker 61
Gesunderhaltung 36–39, 42–48
Getreidearten 48, 50
Getreidekörner 50, 102
Getreidemühle 67
Getreideverschwendung 38
Gifte 40 f.
Großgeräte 66–69
Gruppenvertrag 28

Hackfleisch 42 f., 114 f.
Hackfleischverordnung 115
Haltbarmachen 12–15, 26 f.
Handelsklassen 55
Haushaltsbuch 20 f., 23
Hauswirtschafter/in 76
Heimische Gemüse 27, 31, 54 f.

Imbissbuden 59
Ineinanderarbeiten 7
Internet 120
Interview 59, 96, 113

Jod 71

Kartoffelsorten 55
Koch/Köchin 78 f.
Kohl 31
Konditor/in 81
Konfliktsituationen 28, 94 f.
Konfliktstrategie 95
Konservierung 13, 27
Körpermassenindex 47
Körperpflege 99
Krankenpflege 82 f., 89
Kräuter 26 f.
Küchenmaschine 66 f.

Lagerdauer 11
Langkornreis 34
Lebenshaltungskosten 22 f.
Lebensweise 47
Leistungskurve 49
Leonardo da Vinci 30
Lerneinheiten planen 123 f.
Lernen (lebenslang) 123
Lernspiel 108 ff.
Listenfelder 116

Mauspfeil 116
Mediterrane Küche 34 f.
Menüleiste 116
Mikroorganismen 13, 16, 27, 41 f.
Mikrowelle 68
Mikrowellengeschirr 68

Nährstoffe 32, 35–38, 44 f., 59, 65, 71
Nährwert 59, 65, 136 f.
Naturbelassen 34, 48, 53
Naturgifte 41
Naturreis 34
Normalgewicht 46 f.
Notvorrat 11

Ökologischer Landbau 57
ökologischer Wert 38 f.
ökonomischer Wert 38 f.
Organisationsplan 7

Pflegeberufe 82 f., 88 f.
Pilzgifte 41
Pökelfleisch 40
Praktikum 77
Privathaushalt 76 f., 90 f.
Problemsituationen 95, 107
Projekt 18 f., 97, 112

Qualität 8, 13 ff., 38 f., 52 f., 55 f.

Redewendungen 113
Regionale Lebensmittel 54 f.
Reis 34
Resteverwertung 16 f.

Saisonvorrat 11
Salmonellen 40–43
Salzwasserfische 65, 71
Säuglingspflege 98 f.
Schadstoffe 40 f.
Schaltflächen 116
Schimmel 40 ff.
Schlüsselqualifikationen 84
Schnellgerichte 33, 60 f.
Schockfrosten 15
Scholle 65

Schriftgröße 118
Schulabschluss 77, 79, 83, 86
Seefisch 65, 71
Seiteneinrichtung 118
Selbstbeobachtung 28, 92
Selbsteinschätzung 28, 94 f.
Sicherheit 28, 67 ff.
Silbentrennung (PC) 117
Softwareangebot 116 f.
Sozialdienste 96 f.
Soziales Netz 96
Sozialstationen 96 f.
Sozialverhalten 28, 94 f.
Speichermedien 116
Speichern unter 117 ff.
Spezialisierung 78, 81, 83
Spielzeug 99
Spiele 106 f.
Stationenlernen 50
Steckrüben 54
Suchmaschine 120
Süßwasserfische 71
Symbol 104 f.
Symbolleiste 116

Tageskostplan 45
Team 28, 72, 94
Technikeinsatz 67 ff.
Texte verschieben 119
Textkorrektur 118
Textverarbeitung 117–120
Tiefgefrieren 14 f.
Tiefkühlkette 15
Tiefkühlvorrat 11
Trockenvorrat 11
Typenkunde 92
Typenschild 69

Übergewicht 46
Umweltverschmutzung 40
Unterverzeichnisse 121

Verderb 42 f.
Verdickungsmittel 60
Vermarkten 18 f.
Vernetzen 123 f.
Verzeichnisse 121
Verzeichnisstruktur 121
Vorrat 10–15, 26

Weiterbildung 79, 83, 86
Werbestrategien 19, 24 f.
Werbung 24 f.

Zeichenformatierung 116 f.
Zeitzeugen 113
Zitronensäure 12
Zusammenhänge erkennen 108 ff., 123 f.
Zusatzstoffe 60
Zutatenliste 52

143

Bildquellenverzeichnis

S. 2: Guenter Standl/VISUM; **S. 3:** (1) Schapowalow/Zoellner (2) Imago/Sven Simon; **S. 5:** imago/HRSchulz; **S. 6:** Teubner Foodfoto, Füssen; **S. 8:** Ministerium für Ernährung, Landwirtschaft und Verbraucherschutz, Bonn/ www.verbraucherministerium.de; **S. 9:** FoodPhotogr. Eising/StockFood; **S. 10:** (1) Kaktusfactory, Ninprapha Lippert/StockFood (2–4) StockFood, München; **S. 11:** Hans Reinhard/Okapia; **S. 12:** StockFood; **S. 13:** City Food H. Bauer; **S. 14:** Teubner Foodfoto, Füssen; **S. 16:** Rose, Ludger/StockFood; **S. 17:** Rynio, J./StockFood; **S. 20:** MEV-Verlag, Augsburg; **S. 21/22:** Globus Infografik GmbH, Hamburg; **S. 25:** Peter Kölln KGaA, Elmshorn; **S. 26:** Reformhaus KURIER/C. P. Fischer; **S. 27:** (1) ZB-Fotoreport (2) Teubner Foodfoto; **S. 29:** Guenter Standl/VISUM; **S. 30:** akg-images, Berlin; **S. 31:** Teubner Foodfoto; **S. 32:** nach aid-Infodienst, Bonn (Sonja Mannhardt); **S. 33:** Studio R. Schmitz/StockFood; **S. 34:** (1) Marketing Institut, Bremerhaven (2–4) aid-Infodienst; **S. 36:** (1) aid-Infodienst; **S. 37:** aid-Infodienst; **S. 38:** Eising, Susie M./StockFood; **S. 40:** BilderBox, Thening; **S. 41:** Westermann Studios GbR/StockFood; **S. 42:** (1) CMA, Bonn (2) aid-Infodienst (3) S. de Haen; **S. 43:** Fotostudio Eising; **S. 45:** BilderBox; **S. 47:** Bildagentur-online/Begsteiger; **S. 48:** StockFood; **S. 51:** Carlott, Caspar/StockFood; **S. 52:** StockFood; **S. 53:** (1) Elisabeth Mitterwallner, München (2–4) picbyte/Roth; **S. 54:** (1) Picture Press/Stradtmann (2) City Food, Hamburg; **S. 55:** Holler; **S. 56:** CMA/IPR & Co., Hamburg; **S. 57:** StockFood; **S. 58:** Dominique Ecken/Keystone; **S. 59:** Fotostudio Eising; **S. 60:** Teubner Foodfoto; **S. 64:** Holz und Wunsch/meine familie und ich; **S. 65:** (1) MGH, Bremen (2) CMA; **S. 66:** Teubner Foodfoto; **S. 67:** Bosch Hausgeräte, München; **S. 68:** StockFood **S. 69:** H. Wöhl, Ampfing; **S. 70:** Fotostudio Eising; **S. 72:** Teubner Foodfoto; **S. 74:** (1–5) FoodPhotogr. Eising/StockFood (6–10) Arras, Klaus/StockFood; **S. 75:** Innerhofer Photodes./StockFood; **S. 76:** BilderBox; **S. 78:** (1) imago/Karo (2) Caro/Teich; **S. 79:** Arras, K./StockFood; **S. 80:** (1) Christian Kruska/Agentur Focus (2) Peter Widmann; **S. 81:** Teubner Foodfoto; **S. 82:** Knackfuss, Mai-Inken/Keystone (2) imago/Karo; **S. 86:** (1) age fotostock/mauritius-images (2) Caro/Teich (3) Joerg Mueller/VISUM; **S. 87:** Marcus Gloger/JOKER; **S. 88:** Bildagentur Begsteiger, Gleisdorf/Österreich (2) SuperStock/mauritius-images; **S. 89:** Ralf Gerard/JOKER (2/3) BilderBox; **S. 90/91:** Teubner Foodfoto; **S. 92:** Gilsdorf/mauritius-images; **S. 93:** Hrbková A./StockFood; **S. 96:** Roland Hottas, Luebbenau-Sprald; **S. 98:** (1) P. Mertens, München (2) S. Hartmann, Nürnberg; **S. 99:** (1) Sigikid (2) nic Spiel + art GmbH (3–5) Picture Press/M. Raith; **S. 100:** Picture Press/M. Raith; **S. 102:** Teubner Foodfoto; **S. 103:** (1–2) Maria Harder/meine familie und ich (3–4) Uncle Ben's; **S. 104:** (1) ullsteinbild, Berlin – Springer-Pics (2) Jahreszeiten Verlag, Hamburg/Banderob (3) Ute Voigt/direktfoto; **S. 105:** Eising/StockFood; **S. 107:** H. Wöhl, Ampfing; **S. 111:** imago/Sven Simon; **S. 112:** Schapowalow/Zoellner; **S. 113:** (1) S. Dingler, München (2) F. Friedrich, München (3) Interfoto, München (4) zefa, Düsseldorf/A. Inden; **S. 114:** (1) Bender, Uwe/StockFood (2) Rynio/StockFood; **S. 115:** H. Bauer Verlag, Hamburg; **S. 119:** imago/emil neudorf; **S. 122:** Globus Infografik; **Umschlagfotos:** ullsteinbild – Caro/Ruffer; Creativ Studio Heinemann/Westend61;

Trotz entsprechender Bemühungen ist es nicht in allen Fällen gelungen, den Rechteinhaber ausfindig zu machen. Gegen Nachweis der Rechte zahlt der Verlag für die Abdruckerlaubnis die gesetzlich geschuldete Vergütung.

Das Papier ist aus chlorfrei gebleichtem Zellstoff hergestellt, ist säurefrei und recyclingfähig.

© 2006 Oldenbourg Schulbuchverlag GmbH, München, Düsseldorf, Stuttgart
www.oldenbourg-bsv.de

Das Werk und seine Teile sind urheberrechtlich geschützt. Jede Nutzung in anderen als den gesetzlich zugelassenen Fällen bedarf der vorherigen schriftlichen Einwilligung des Verlages. Hinweis zu § 52 a UrhG: Weder das Werk noch seine Teile dürfen ohne eine solche Einwilligung eingescannt und in ein Netzwerk eingestellt werden. Dies gilt auch für Intranets von Schulen und sonstigen Bildungseinrichtungen.

1. Auflage 2006 R06

Druck 10 09 08 07 06
Die letzte Zahl bezeichnet das Jahr des Drucks.
Alle Drucke dieser Auflage sind untereinander unverändert
und im Unterricht nebeneinander verwendbar.

Umschlagkonzept: Mendell & Oberer, München
Umschlag: Lutz Siebert-Wendt, München
Lektorat: Elisabeth Dorner, Berlin
Herstellung und Layout: Stefanie Bruttel
Illustrationen: Stefan Baumann, Susanne Bochem, Beate Brömse, Rita Mühlbauer, Klaus Puth, Detlef Seidensticker, Axel Weiß
Satz: Verlagsservice Dr. Helmut Neuberger & Karl Schaumann GmbH, Heimstetten
Reproduktion: Repro Ludwig, A-Zell am See
Druck: J. P. Himmer GmbH & Co KG, Augsburg

ISBN   3-486-**00021**-7
ISBN 978-3-486-**00021**-4 (ab 1.1.2007)
ISBN 978-3-637-**00021**-6 (ab 1.1.2009)